ZI ALEN

.N

Iris Prey

Mit Bleistift und Farbe

Zeichnen & Malen mit Kindern

BUCH UND ZEIT
BZ

Buch und Zeit Verlagsgesellschaft mbH · Köln

In gleicher Ausstattung ist eine große Zahl praktischer Ratgeber für Erwachsene und Kinder erschienen, darunter für Kinder:
»Spaß beim Basteln«
»Dinosaurier«

ISBN 3-8166-9646-5

Titelbild und Zeichnungen im Innenteil: Iris Prey, Hamburg

Satz: Dinges + Frick, Wiesbaden
Druck: Ernst Uhl, Radolfzell

1999964690X7 2635 4453 6271

INHALT

VORWORT

Zeichnen und Malen ist wie mit den Fingern Sehen: So wie du jeden Gegenstand mit dem Finger in der Luft nachzeichnen kannst, wirst du ihn, mit ein bißchen Übung, auch mit Stiften, mit Kreide oder Pinsel und Farbe auf Papier bringen können.
Manchmal ist es allerdings mit dem Wollen und dem Können ein wenig wie mit der Katze und der Maus. So wie die Katze, die eine Maus fangen will, um sie zu fressen, willst du vielleicht ein Bild einfangen, um es auf dem Papier festzuhalten. Oftmals aber entwischt die Maus der Katze, ebenso wie dir deine Bilder nicht immer gleich so gelingen, wie du es dir vorstellst.
Um dir beim Zeichnen und Malen zu helfen, haben sich der Kater Flugs und die Maus Isi miteinander befreundet. Sie sind dir ein Stückchen vorausgegangen, haben den Bleistift angespitzt, die Schachtel mit Buntstiften, Filzstiften, Kreiden, Pinsel und den Farbkasten ausgepackt – und natürlich eine Menge Papier. Damit wollen sie erforschen, wie sie das, was sie sehen, am besten zeichnen oder malen können.
Da Flugs und Isi nicht nur miteinander befreundet sind, sondern sich auch zusammen groß und klein machen können, werden sie dir zeigen, wie unterschiedlich etwas von oben, von unten, aus der Nähe oder in der Ferne aussehen kann. Sie werden dich in die Welt der Farben begleiten, und sie werden dir zeigen, wie du eine Stimmung auf dem Papier ausdrücken kannst.
Nun wünschen dir beide fröhliches Lernen beim Zeichnen und Malen – und auch ein bißchen Geduld beim Ausprobieren neuer Techniken.

STIFTE, PINSEL, FARBEN UND PAPIER

Bleistifte haben eine Mine aus Graphit, die unterschiedlich hart oder weich sein kann. Meist ist am Ende eines Bleistifts eine 2 oder HB aufgedruckt. Dann ist er ein Mittelding zwischen weich und hart und eignet sich gut zum Zeichnen. Probiere aber auch einmal weichere Bleistifte aus. Ihr Strich ist kräftiger.
Buntstifte werden meistens in Blechschachteln nach Farben sortiert angeboten. Du kannst manche auch mit Wasser vermalen, das heißt lavieren. Die billigen Buntstifte in Plastikmäppchen sind oft zu spröde und blaß.
Filzstifte gibt es in allen Farben und Strichstärken, von haarfein bis fingerdick. Da sie meistens wasserlöslich sind, kannst du sie, wie Buntstifte, lavieren. Für Umrandungen, die du farbig ausmalen willst, brauchst du dagegen einen dünnen wasserfesten Filzstift in einer dunklen Farbe.
Wichtig: Nach dem Malen immer gleich die Kappe aufstecken, sonst trocknen die Stifte aus!
Kreiden kann man in drei Sorten einteilen: Wachskreiden sind ziemlich fest und eignen sich gut für Strichbilder. Pastellkreiden dagegen werden auf dem Papier leicht pulvrig und lassen sich gut flächig verwischen. Ölpastellkreiden sind ein Mittelding: Sie sind weich und leuchtend, und du kannst damit gut Linien und Flächen malen.
Pinsel haben Haare oder Borsten. Haarpinsel sind in der Regel rund und laufen nach vorne spitz zu. Mit den weichen Haaren des Pinsels kannst du nicht nur flächig malen, sondern auch Linien zeichnen. Borstenpinsel sind breit, flach und härter als Haarpinseln. Sie eignen sich gut für große Flächen. Beide Pinselarten gibt es in verschiedenen Stärken.

Wichtig: Laß die Pinsel nie mit der Spitze im Wasser stehen, denn die Haare oder Borsten verbiegen sich, und du kannst damit nicht mehr malen!

Farben: Ein Schulmalkasten mit zwölf Farbnäpfen reicht für Deckfarbenbilder und Aquarelle aus. Mehr Farben braucht man zunächst nicht.

Papiere zum Zeichnen und Malen sollten immer groß sein. Zum Malen empfehle ich dir Blocks, an denen die Blätter an zwei Seiten befestigt sind. Sie wellen sich dann nicht so leicht. Natürlich eignen sich diese Blocks auch zum Zeichnen.

Spiralblocks haben etwas dickere Papierbögen, sie lassen sich umblättern. So kannst du deine Bilder bequem sammeln. Auch als einzelne Bögen kann man weißes und farbiges Zeichenpapier kaufen.

Tip: Zum Austoben mit Pinsel und Farbe kannst du Packpapier oder die Rückseite von Tapetenresten nehmen. Damit sich die Tapete nicht rollt, heftest du sie am besten mit Reißzwecken auf ein Brett.

Hilfsmittel wie Spitzer, Radiergummi, Lineal oder Zirkel brauchst du hauptsächlich zum Zeichnen. Mit einem Handfeger aus der Puppenstube kannst du Radierkrümel abfegen; damit verwischt deine Zeichnung nicht. Zum Mischen von Farben kannst du Joghurtbecher, Schraubglasdeckel und leere Näpfe von Kaffeesahne sammeln. Für das Malwasser nimmst du am besten große leere Marmeladen- oder Senfgläser. Auf Küchenpapier oder einem saugfähigen Tuch streift man Pinsel ab.

Übrigens: Weder Stifte, Kreiden oder Pinsel sind je einem Maler aus der Hand gesprungen. Versuche also beim Zeichnen und Malen, aber auch beim Schreiben, deine Finger ganz locker zu halten und nicht fest aufzudrücken. Noch etwas: Verwende unschädliche Produkte!

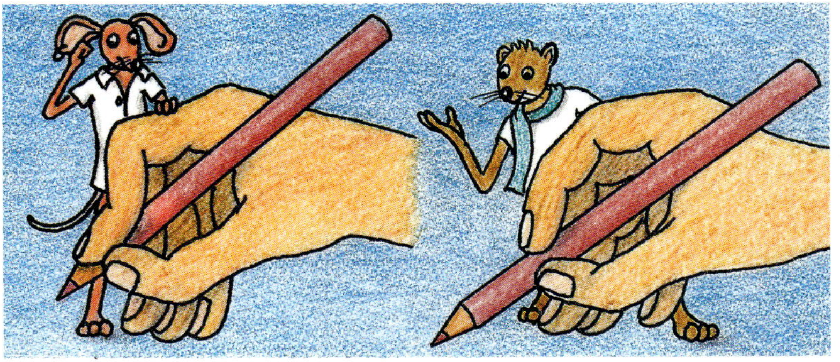

VON DER LINIE ZUR FORM

Linien und Striche

Beim Zeichnen sind die Linie und der Strich das wichtigste, wie beim Malen Farbe und Fläche. So lebendig, wie es bei den Farben zugeht, kann es aber auch bei Linien und Strichen zugehen: Eine Linie kann dick oder dünn sein, hell oder dunkel, sie kann in Wellen oder im Zickzack laufen, sie kann große Bögen oder Schnörkel beschreiben oder als Reihe von Pünktchen übers Papier hüpfen. Ein Strich hingegen ist immer kurz und gerade. Viele aneinandergereihte Striche können natürlich auch wieder eine lange Linie bilden.
Du kannst Linien mit allen Zeichen- und Malgeräten ziehen, also zum Beispiel mit Bleistift, Bunt- oder Filzstift, Kreide, mit dem Pinsel und selbst mit dem Finger (denk nur an Fingerfarben, beschlagene Scheiben, Sand oder Schnee). Auf der gegenüberliegenden Seite haben Flugs und Isi einige Variationen ausprobiert. Sicher fallen dir noch andere ein. Am besten nimmst du dir jetzt ein großes Blatt Papier, verschiedene Stifte, Kreide, einen Pinsel und Farbe und probierst es einfach mal aus.
Tip: Mit einer Reihe verschiedener Linien kannst du auch gut Ostereier oder Pappschachteln verzieren; oder du zeichnest auf diese Art einen schönen Rahmen für ein Foto, das du vorher auf farbiges Papier klebst.

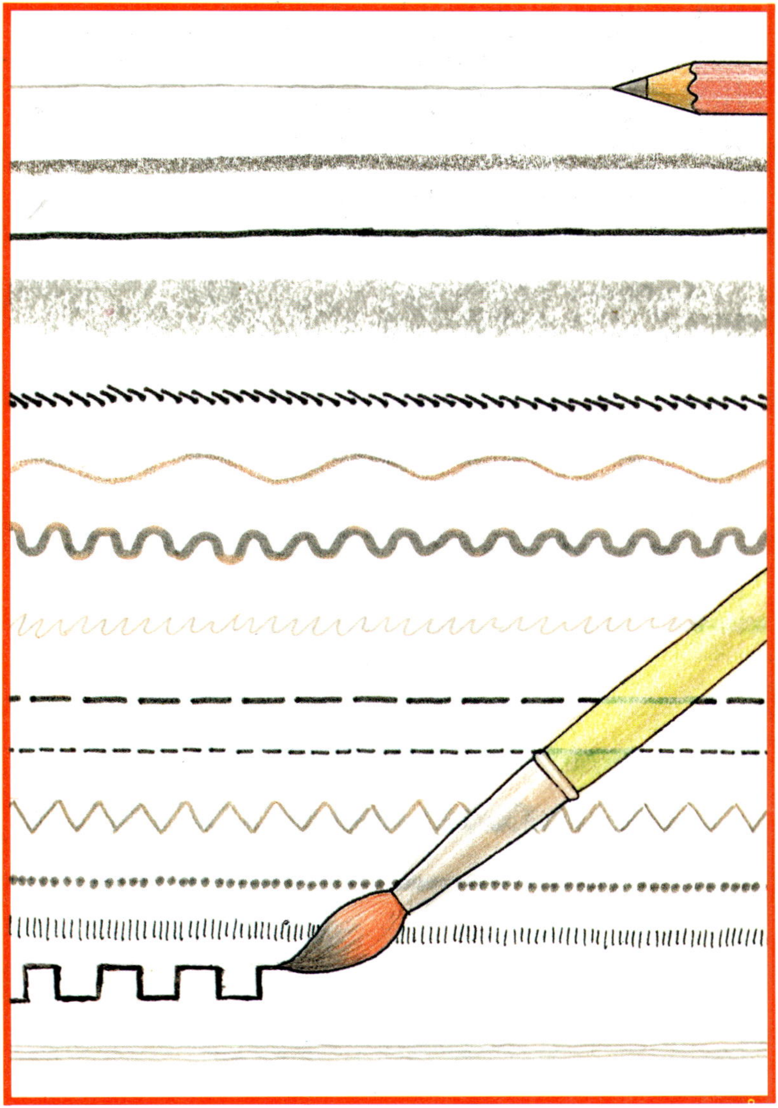

Rundungen und Ecken

Wenn du eine Linie rund ziehst, so daß sich Anfang und Ende berühren, wird daraus ein Kreis. Teilst du ihn genau in der Mitte, werden daraus zwei Halbkreise.

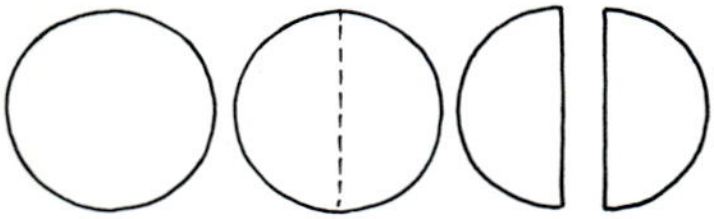

Du kannst einen Kreis mit dem Zirkel ziehen oder um einen runden Gegenstand herum. Versuche es aber auch mit der freien Hand.
Wenn ein Kreis nicht ganz rund ist und eher an ein Ei erinnert, heißt das Oval. Ein Oval kann ganz unterschiedlich dick oder lang sein.

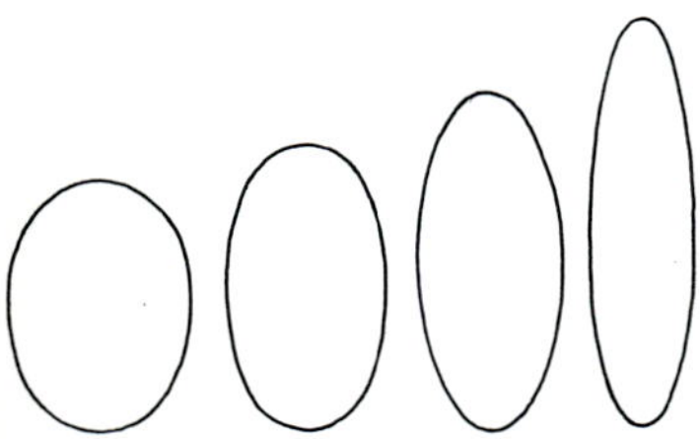

Ein geschlossenes Gebilde aus geraden Linien ist ein Vieleck. Je nachdem wie viele Ecken es hat, wird es Dreieck, Viereck, Fünfeck und so weiter genannt. Die Seiten können unterschiedlich, aber auch gleich lang sein.

Du brauchst aber nur einmal den Kopf zu heben und durchs Zimmer zu schauen: Du wirst hauptsächlich Vierecke mit zwei langen und zwei kurzen Seiten bemerken. Das sind Rechtecke. Hat ein Viereck vier gleich lange Seiten, nennt man es Quadrat.

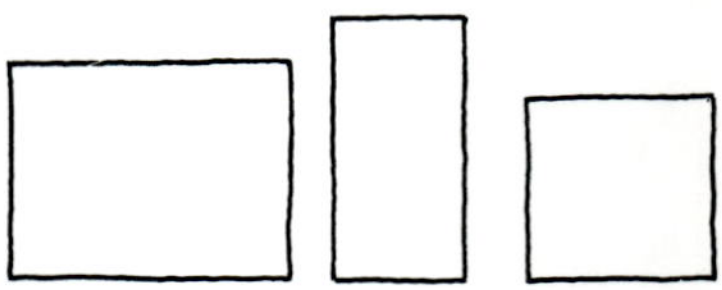

Flugs und Isi haben auf der rechten Seite versucht, mit solchen Grundformen aus den verschiedenen gebogenen und geknickten Linien einfache Gegenstände zu zeichnen. Fallen dir noch weitere Dinge ein? Nimm ein Blatt – und los geht's!

Da die meisten Gegenstände gleich aus verschiedenen Grundformen zusammengesetzt sind, hast du unendlich viele Möglichkeiten, Kreise mit Vierecken, Dreiecke mit Ovalen, Halbkreise mit Quadraten und so weiter zu verbinden. Einige Beispiele siehst du in der Abbildung oben.

Mit verschiedenen Einzelformen kannst du jetzt schon eine kleine Landschaft zeichnen, indem du die einzelnen Gegenstände nebeneinander und hintereinander anordnest. Wenn es dir schwerfällt, Dinge hintereinander zu zeichnen (wie das Haus hinter dem Auto auf der rechten Seite), dann zeichnest du am besten zuerst die Grundformen übereinander: Linien, die vom vorderen Gegenstand eigentlich

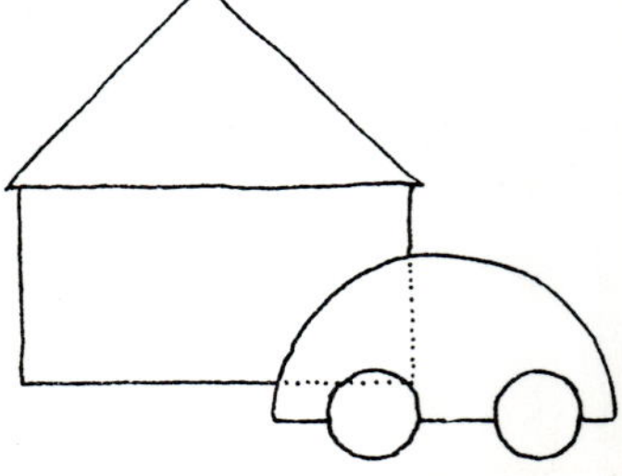

verdeckt sind, punktest du vorsichtig oder deutest sie dünn mit Bleistift an. Du kannst die Gegenstände aber auch einzeln zeichnen, ausschneiden und auf einem Blatt Papier übereinanderkleben.
Dinge, die in der Nähe sind und daher vorne auf dem Bild erscheinen müssen, werden immer größer und mehr zum unteren Bildrand hin gezeichnet als solche, die weiter weg sind. Schneide die Gegenstände ruhig in verschiedenen Größen aus. Du kannst dann auswählen und sie entsprechend räumlich anordnen. Zeichne aber nicht zu klein, denn große Formen lassen sich besser handhaben und leichter wiederfinden, wenn mal eine unter den Tisch fällt.
Wie unterschiedlich groß zum Beispiel Bäume, die in Wirklichkeit gleich groß sind, auf einer Zeichnung abgebildet werden können, siehst du auf dem fertigen Bild. Deutlich erkennt man Nähe und Ferne, Vordergrund und Hintergrund.

»Durchsichtig« zeichnen

Wie du am Beispiel mit dem Auto vor dem Haus sehen konntest, ist es eine große Hilfe, sich die Dinge durchsichtig vorzustellen und auch so abzubilden; man sagt auch »durchzeichnen«. Hier hat Flugs sich ein wenig durchsichtig gemacht, um dir zu zeigen, wie die Linien von Isi hinter ihm verlaufen.
Die Dinge liegen aber nicht immer nur hintereinander, sondern oft auch ineinander, wie das

Obst in der Schale. Da ich eine Porzellanschale gewählt habe, schaut nur der obere Teil des Obstes heraus.

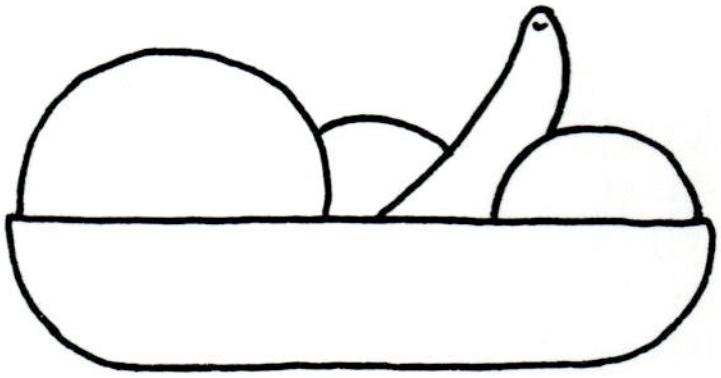

Durchgezeichnet sieht das Obst wie in einer Glasschale aus. Darunter zeigen die Linien deutlicher, daß die Banane vor der Apfelsine, ein Apfel vor der Banane und ein zweiter Apfel hinter Banane und Apfelsine liegen.

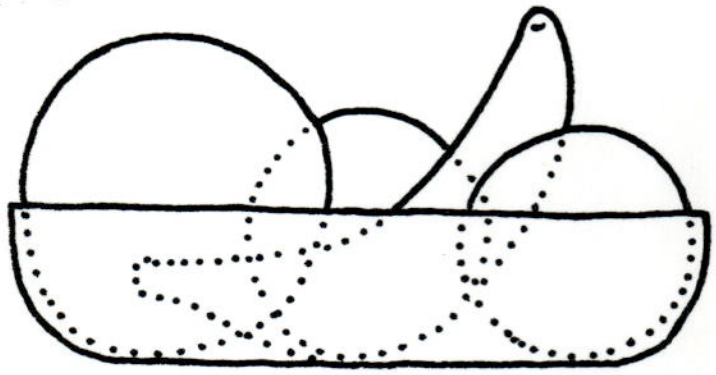

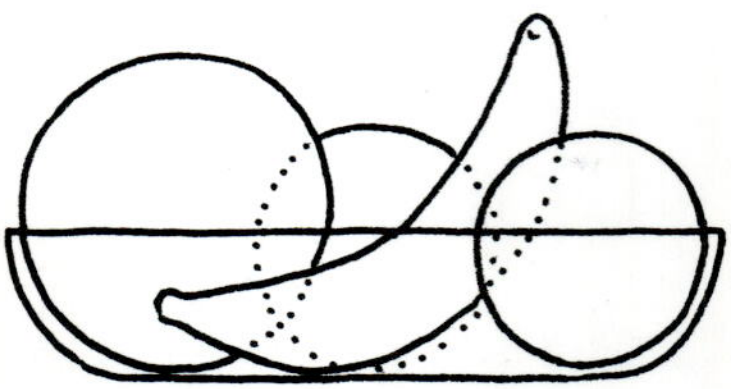

Würdest du nur die oberen Teile des Obstes zeichnen, ohne es durchzuformen, könnte es leicht passieren, daß eine Frucht in der Schale schwebt, eine andere durchfällt oder zur Seite hinausguckt. Dabei muß doch immer alles genau hineinpassen.

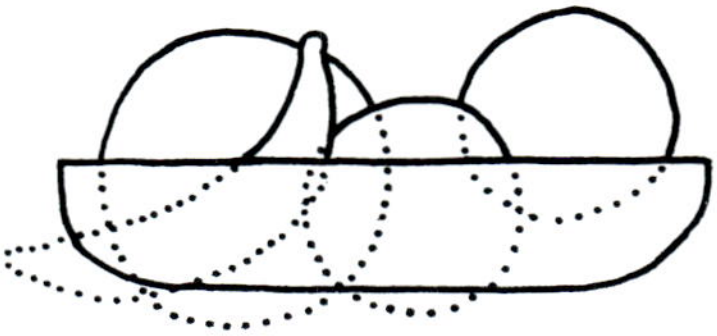

Auch hierbei kann es wieder hilfreich sein, wenn du Schale und Obst getrennt zeichnest, ausschneidest und auf ein Blatt Papier klebst. In diesem Fall brauchst du aber das hintere Obst nicht kleiner zu zeichnen. Es ist ja nicht sehr weit entfernt. Am besten bildest du es so groß ab, wie es in Wirklichkeit ist. Du kannst natürlich auch andere Früchte, Gemüse, Bälle und Spielsachen aus farbigem Papier ausschneiden und sie in (also hinter) einer ebenfalls ausgeschnittenen Schale, Kiste oder Schachtel anordnen.

Stiele und Blütenansätze oder ein Muster auf der Schale kannst du später dazuzeichnen.

In der Ferne wie ein Zwerg

Sicher ist dir schon aufgefallen, daß eine lange, gerade Straße aussieht, als würde sie in der Ferne immer schmaler, oder daß Menschen von einem Turm aus betrachtet wie Zwerge wirken. Je weiter etwas von dir weg ist, um so kleiner erscheint es. Die abgebildete Straße (würde sie in der Ferne nicht einen Berg hinunterführen) liefe in einem Punkt zusammen. Eine waagrechte Linie, die man durch diesen Punkt ziehen kann, nennt man Augenhöhe.
Auch hier kannst du wieder an den Bäumen sehen, daß man sie in der Ferne kleiner zeichnen muß, obwohl sie in Wirklichkeit alle etwa gleich groß sind.

Mach einen Versuch: Halte Daumen und Zeigefinger dicht vor ein Auge (das andere Auge bleibt geschlossen), und miß so Ober- und Unterkante deines Fensters. Wenn du dasselbe mit dem Fenster eines entfernten Nachbarhauses machst, rücken deine Finger ganz dicht zusammen.

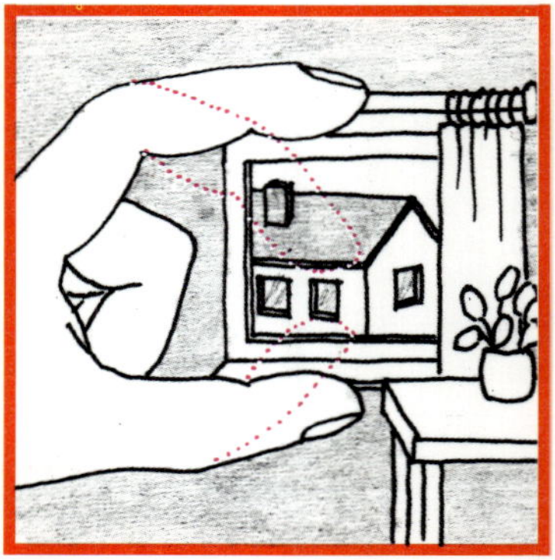

Meistens betrachtest du einen Raum oder eine Landschaft aus normaler Augenhöhe, also stehend oder sitzend und geradeausschauend. Betrachtest du eine Straße von einem Hochhaus aus, siehst du mehr von ihr, als wenn du auf der Straße stehen würdest. Fast gar nichts von der Straße siehst du beim Blick durch ein Kellerfenster. Mit jedem neuen Standpunkt ergibt sich eine neue Perspektive.

Flugs und Isi sind für dich ans Meer gefahren, um dir das noch einmal in Bildern zu zeigen. Mit normaler Augenhöhe sehen beide mehr von der Wasseroberfläche als mit niedriger Augenhöhe, so wie bei Flugs, der im Sand kniet. Umgekehrt sieht für Isi die Wasserfläche größer aus, wenn sie auf Flugs' Schultern steht. Ein Vogel, der über dem Wasser fliegt, sieht noch mehr . . .

Wie sich Formen verändern

Bis jetzt hast du alle Formen und Bilder direkt von vorne oder von oben gezeichnet. Die meisten Dinge siehst du in Wirklichkeit aber halb von vorne und halb von der Seite oder von oben. Oder auch von drei Seiten gleichzeitig: von vorne, von der Seite und von oben oder unten.
Wie sich dabei ein Kreis verändern kann, zeigen dir Flugs und Isi. Auf dem ersten Bild hält sich Flugs einen Teller so vor die Nase, daß er ihn direkt von oben sieht. Isi betrachtet ihren dagegen genau von der Seite. Der Teller von Flugs erscheint ihm wie ein Kreis, während der von Isi nur wie ein dicker Strich aussieht.
Im zweiten Bild haben beide den Teller ein wenig gedreht: Der von Flugs ist jetzt kein Kreis mehr, sondern ein dickes Oval, der von Isi ist vom Strich zum dünnen Oval geworden. Zwischen Kreis und Strich gibt es alle Formen von Ovalen. Du kannst das selbst mit einem Teller oder einer Schallplatte ausprobieren. Aber auch bei einer Tasse, bei einem Glas oder Blumentopf kannst du gut die ver-

schiedenen Ovale beobachten. Du brauchst deinen Kopf nur ein wenig zu heben oder zu senken und den oberen Rand solcher Gegenstände zu betrachten. Schon wird aus dem Kreis ein dickes, ein mittleres, ein dünnes Oval, schließlich ein Strich. Auf der folgenden Zeichnung siehst du zwischen Kreis und Strich verschiedene Ovalformen.

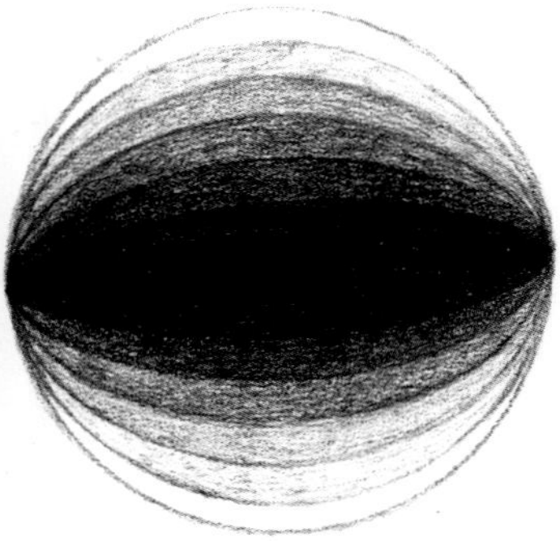

Nicht nur ein Kreis wird flacher und zum Oval, wenn du ihn schräg von der Seite betrachtest, sondern auch alle anderen Formen scheinen sich zu verändern. Das konntest du schon bei den Bildern sehen, die dir Flugs und Isi am Meer zeigen.
Mach einen Versuch: Wenn du ein Blatt Papier auf den Tisch legst und dich auf einen Stuhl stellst und direkt von oben schaust, siehst du das Blatt als Rechteck. Alles ist gerade, die vier Winkel sind gleich.

Betrachtest du es, wenn du auf dem Stuhl davor sitzt, wirkt es etwas kürzer. Zusätzlich siehst du jetzt ein wenig mehr von der vorderen Tischkante.

Gehst du in die Hocke, so daß das Blatt genau in deiner Augenhöhe liegt, siehst du davon nur noch eine ganz dünne Linie. Die Tischkante aber hast du jetzt in voller Breite vor Augen.

Höhe, Breite, Tiefe

Jeder Gegenstand und jeder Raum hat eine Höhe, eine Breite und eine Tiefe. Höhe nennt man die senkrechte Ausdehnung von oben nach unten, Breite eine waagerechte von links nach rechts. Tiefe bedeutet hierbei eine Ausdehnung, die geradeaus in den Raum hineinläuft, also von vorne nach hinten. Diese Entfernung nennt man auch Raumtiefe. Das hat nichts mit der nach unten führenden Tiefe einer Grube zu tun.

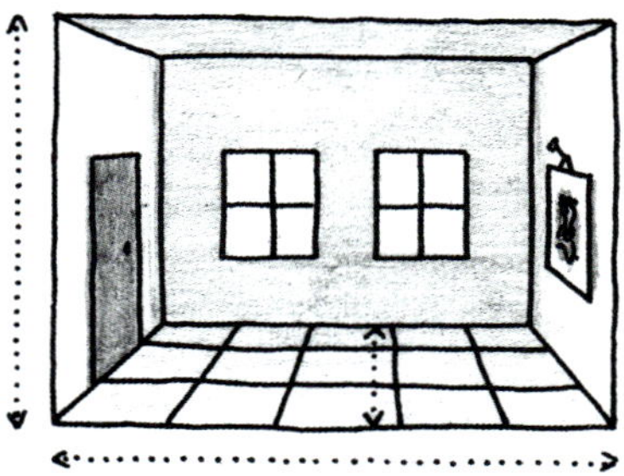

Die gepunkteten Linien mit Pfeilen in dem Beispiel zeigen, wie hier die Höhe, die Breite und die Tiefe eines Raumes verlaufen.
Bei Gegenständen werden Höhe, Breite und Tiefe normalerweise von ihrer Vorderseite aus gemessen, also von der üblichen Schauseite aus. Bei einem Schrank zum Beispiel ist die Breite die Strecke von der einen zur anderen Seitenwand, Höhe die von den Schrankfüßen bis zur Oberkante, und mit Tiefe meint man die Abmessung von der Schranktür zur Rückwand. Breite und Tiefe eines Raumes dagegen richten sich nach dem Standpunkt des Betrachters. Würdest du den abgebildeten Raum etwa von seiner Tür aus betrachten, führte die Raumtiefe zur gegenüberliegenden Wand mit dem Bild. Die Breite wäre dann die Strecke von der Vorderkante des Fußbodens bis zur Fensterwand. Nur die Höhe bliebe dieselbe.
Die Raumtiefe ist beim Zeichnen und Malen sehr wichtig. Denn das, was du in der Tiefe des Raumes, also in mittlerer Entfernung oder auch ganz weit weg, wie bei einer Landschaft, siehst und dann abbilden möchtest, muß schließlich auf einem ganz flachen Papier zum Ausdruck kommen.
Weil auf Bildern alles nur so wirkt, als sei es räumlich, nennt man das optische Tiefe. Optisch heißt, vom Auge wahrgenommen. Das Bild als solches, also das Papier mit einer Zeichnung darauf, ist natürlich flach. Die Zeichnung selber dagegen kann für das Auge sehr tief wirken –

wenn man weiß, wie es geht. Auch ein kleiner Gegenstand kann gezeichnet tief und plastisch erscheinen. Das ist besonders dann so, wenn du ihn nicht nur von vorne, nur von oben oder von der Seite zeichnest, sondern von zwei oder drei Seiten gleichzeitig. Ein Topf, der nur von der Seite oder nur von oben dargestellt ist, wirkt flach.

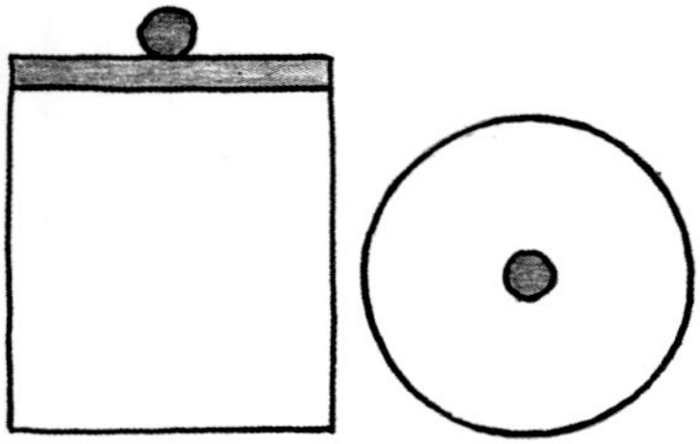

Bildest du ihn dagegen halb von vorne und halb von oben ab, wird seine Tiefe auf dem Papier sichtbar. Außerdem erkennt jeder, um was es sich handelt.

Genauso ist es mit dem Haus. Die Vorderansicht mit der Tür wirkt flach und läßt nichts von der Tiefe des Hauses erkennen. Ebenso verrät die reine Seitenansicht nichts über die Breite des Hauses. Du kannst nicht einmal sehen, ob das Dach schräg verläuft.

Zeichnest du das Haus aber halb von vorne und halb von der Seite, werden seine Breite, seine Tiefe und auch die Dachschräge sichtbar.

Gehst du um das Haus herum, verändern sich optisch die Seiten. Je schmaler die eine, desto breiter erscheint die andere Seite und umgekehrt.

Fluchtpunkte

Bei einer Häuserreihe kannst du zunächst wieder feststellen, daß jene Häuser, die weiter weg stehen, kleiner wirken als die im Vordergrund. Würdest du die Ober- und Unterkanten der Mauern, des Daches und der Fenster verlängern, liefen sie, wie die Straße im Kapitel »In der Ferne wie ein Zwerg«, in einem Punkt zusammen. Dieser Punkt, der immer auf der Augenhöhe liegt, wird Fluchtpunkt genannt. Denn es sieht so aus, als wollten alle parallelen Linien zu diesem Punkt fliehen. Die Straße hatte nur einen Fluchtpunkt. Ein Haus oder eine Häuserreihe dagegen ist nicht flach, man betrachtet sie oft von zwei Seiten gleichzeitig. Deshalb kann man dann zwei Fluchtpunkte finden: einen für die Vorderansicht, einen für die Seitenansicht. Auch die gepunkteten Linien der Vorderansicht würden (wenn man sie weiter nach rechts verlängert) im Fluchtpunkt auf der Augenhöhe zusammenlaufen.

Warum läuft denn Flugs davon und Isi ihm hinterher? Ist es ein Wettlauf oder ein anderes Spiel? Vielleicht hat Flugs in der Ferne aber auch ein besonders reizvolles Motiv zum Zeichnen entdeckt, das sich jetzt hinter der Wegbiegung befindet. Und Isi hat sich erst später überlegt, ihm zu folgen. Wohin auch immer die beiden laufen: Ist dir aufgefallen, daß Flugs hier kaum größer wirkt als der Kopf von Isi?
Aha, unser kleines Haus! Flugs möchte daran noch ein wenig die Perspektive erklären.

Betrachtest du das Gebäude aus normaler Augenhöhe, siehst du geradeaus auf die Fenster. Auf dieser Höhe laufen auch alle Fluchtlinien in den Fluchtpunkten zusammen.

Betrachtest du es aus der Hocke, ragt das Haus vor dir in die Höhe. Die Fluchtpunkte liegen niedrig. Von einer Anhöhe aus betrachtet, rutschen die Fluchtpunkte mit der Augenhöhe weit nach oben.

Du kannst jetzt mehr vom Dach des Hauses und mehr Landschaft sehen. (Wie bei Flugs und Isi am Strand . . .)
Du brauchst die gepunkteten

Linien natürlich nicht jedesmal mit einzuzeichnen. Die Fluchtpunkte liegen sowieso meist außerhalb des Bildes. Es ist aber sehr hilfreich, wenn du sie in der Luft nachziehst oder leicht mit Bleistift andeutest.
Übrigens wirken auch kleine Gegenstände viel natürlicher, wenn du an die Fluchtpunkte denkst. Ein Würfel zum Beispiel, dessen Kanten nicht zu seinen Fluchtpunkten laufen,

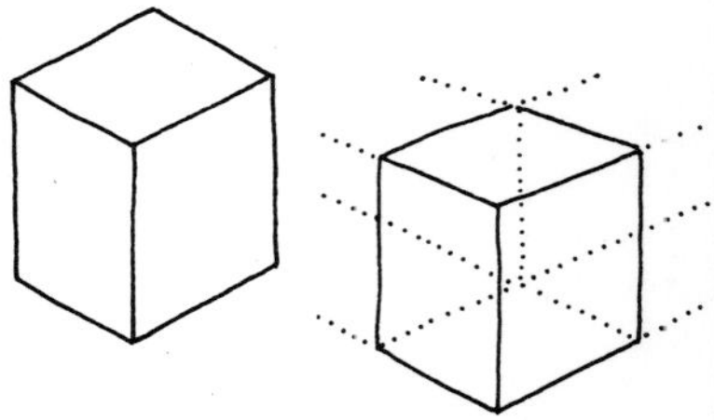

sieht aus, als kippe er nach vorne. Verlängerst du dagegen seine Kanten zu den Fluchtpunkten hin, wird er nicht mehr kippen. (Hier liegen die Fluchtpunkte allerdings weit auseinander.)
Du siehst, wie nützlich es ist, die unsichtbaren Linien leicht anzudeuten: Auch sie laufen zu den Fluchtpunkten hin. So wie jeder Gegenstand aus einer oder mehreren Grundformen besteht und mehrere Seiten hat, gibt es auch einen oder mehrere Fluchtpunkte. Selbst wenn das bei einem kleineren Gegenstand nicht immer leicht zu erkennen ist.

Licht und Schatten

Die meisten Flächen (ob sie nun eben sind wie eine Tischplatte oder gewölbt wie die Schale einer Kartoffel) sehen wir nicht nur mit bestimmten Farben, sondern auch mit Licht- und Schattenbereichen, sehr oft auch mit Muster oder einer Struktur. Doch dazu später mehr.
Du hast sicher schon mal folgendes beobachtet: Wenn glänzende Flächen wie Glas, Metall oder polierte Gegenstände von der Sonne oder einer Lampe beleuchtet werden, entstehen darauf weiße Lichtstreifen und -flecken. Dabei ist es egal, ob der Gegenstand hell oder dunkel ist. Bei matten Oberflächen allerdings verschwimmen die Lichter und sind nicht mehr ganz weiß, sondern nur heller in der Farbe des Gegenstandes. Umgekehrt sind jene Stellen, auf die weniger Licht fällt, dunkler: Es entstehen Schatten. Man unterscheidet den Eigenschatten, der sich auf dem Gegenstand selbst befindet, von dem Schlagschatten, den er in die Umgebung wirft.
Bei einer matten, gewölbten Oberfläche entsteht ein weicher Übergang vom Licht zum Schatten. Kleine ebene Flächen haben, jede für sich, einen

gleichmäßigen helleren oder dunkleren Ton. Größere Flächen dagegen können an einer Stelle heller und an einer anderen dunkler sein. Eine Wand zum Beispiel ist in der Zimmerecke, in der eine Lampe brennt, heller als hinter der Tür.
Du mußt also wissen, daß Licht und Schatten einen Gegenstand plastisch erscheinen lassen; das heißt, sie formen ihn und heben seine Raumtiefe hervor.
Hier ein Beispiel: Eine Kugel ist natürlich von allen Seiten rund.

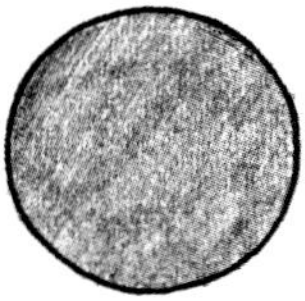

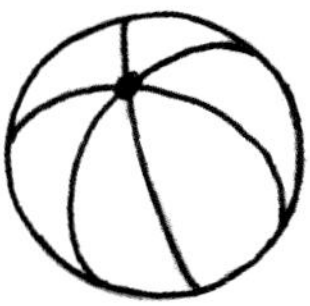

Zeichnest du nur den Umriß, könnte das aber ebensogut eine Dose von oben oder die Schnittfläche einer Halbkugel sein. Du kannst die Form einer Kugel zwar durch Linien verdeutlichen (wie bei einem Ball mit Streifen), aber nicht jede Kugel hat Streifen. Mit Licht und Schatten kannst du sie trotzdem formen.

Auch am Beispiel eines Würfels kannst du sehen, daß seine Raumtiefe durch Licht und Schatten hervorgehoben wird.

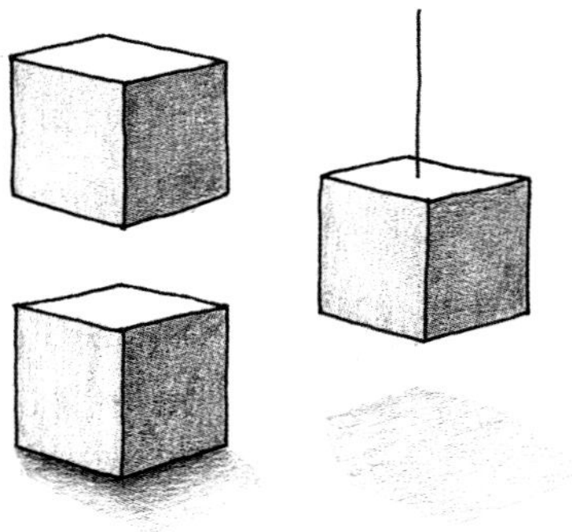

Mit seinen Eigenschatten nimmt er Form an. Zeichnest du zusätzlich einen Schlagschatten, wird deutlich, daß er auf einer Fläche steht. Dabei ist der Schatten immer dort am dunkelsten, wo er sich nahe am Gegenstand befindet. Hängt der Würfel in der Luft, liegt sein Schlagschatten, von ihm losgelöst, heller und gleichmäßig auf der Grundfläche.

Strukturen

Ein Dach, auf dem sich Ziegel an Ziegel reiht, eine Scheibe Brot mit unzähligen Teigbläschen, Holz mit seiner Maserung, deine Haut mit den vielen kleinen Poren – und wenn du das Ohr einer Maus unter die Lupe nimmst, was hier Flugs für dich tut, ist es nicht nur grau oder rosa; es ist mit Hunderten winziger Härchen bewachsen. All das sind Strukturen. Sie können manchmal mehr über einen Gegenstand verraten als seine Farbe.

Du kannst mit ihnen verschiedene Oberflächen beschreiben, Landschaften gestalten, Licht und Schatten oder das Hell und Dunkel verschiedener Farbtöne darstellen.
Lichtflächen oder hellere Farbtöne kannst du gut zum Ausdruck bringen, indem du die Struktur stellenweise dünner zeichnest oder sogar ganz wegläßt (bei sehr hellen Lichtflecken). Für Schattenflächen und dunklere Farben zeichnest du die Struktur dichter und dicker im Strich. Das kann bis hinein ins Tiefschwarz gehen.
Tip: Nimm ein Blatt Papier, und zeichne es mit verschiedenen Strukturen voll. Erfinde auch neue – das macht viel Spaß.

Mal grob, mal fein

Ein und derselbe Gegenstand, aber mit verschiedenen Zeichengeräten dargestellt, kann ganz unterschiedlich wirken, auch wenn er in sehr ähnlicher Weise gezeichnet ist.
Flugs und Isi haben ein Vögelchen gewählt und zunächst dessen Umriß festgelegt. Dann haben sie verschiedene Stifte, Kreide und einen Pinsel genommen, um auszuprobieren, wie das Vögelchen damit gezeichnet wirkt.

Auf der folgenden Seite siehst du die beiden oberen Tiere mit einem mittleren (HB oder 2) und einem sehr weichen Bleistift abgebildet. Das Paar in der Mitte ist mit Filzstiften gezeichnet: der blaue Vogel mit einem dicken, der schwarze mit einem dünnen. Ganz ähnlich würde auch eine Zeichnung mit Feder und schwarzer Tusche wirken. Für das Vögelchen unten links haben Flugs und Isi Wachskreide genommen, für das rechte einen Pinsel.
Jedes von ihnen ist in der gleichen Weise gezeichnet, wirkt aber durch das unterschiedliche Material immer etwas anders: einmal fein und glatt, ein andermal grob gestrichelt und flauschig. Welche Art zu zeichnen dir nun am besten gefällt, ist ganz einfach eine Geschmacksfrage. Probiere alle einmal aus. Die Wahl des Stiftes und der Technik hängt aber auch davon ab, was du zeichnen willst.

PFLANZEN UND TIERE

Bäume

Bevor du einen Baum zeichnest, solltest du beachten, um welche Sorte es sich handelt. Dabei ist es ganz egal, ob du ihn auswendig oder nach der Natur zeichnest. Denn jeder Baum hat eine ganz eigene Struktur. Ist dir schon aufgefallen, daß er oftmals der Form seiner Blätter oder Früchte ähnelt?

Das Grundprinzip des Wachstums hingegen ist bei allen Bäumen gleich: Der Stamm teilt sich in Äste auf, die nach oben hin dünner werden und sich in Zweige teilen, an deren Enden die Blätter hängen.

Im Winter, wenn du einen Baum nicht durch sein Laub oder seine Früchte bestimmen kannst, wirst du die Unterschiede an der Struktur seiner Zweige und Äste erkennen. Die Birke zum Beispiel mit ihren zarten, sich

neigendenZweigen sieht ganz anders aus als eine knorrige Eiche. Die Herzform der Linde unterscheidet sich deutlich von der schlanken, hochragenden Pappel. Die meist wie ein langgezogenes Dreieck wirkenden Nadelbäume bleiben freilich im Sommer wie im Winter gleich – bis auf die Lärche, die ihre Nadeln im Herbst verliert.

Auch wenn du einen belaubten Baum zeichnest, hilft es dir sehr, wenn du zuerst seine Grundform und die äußeren Äste und Zweige andeutest, ehe du mit dem Blattwerk beginnst. Jedes einzelne Blatt zu zeichnen ist übrigens nicht nur mühsam, sondern auch unnötig. Wichtiger ist, daß du auf die Eigenart eines Baumes achtest.

Blumen

Eine blühende Frühlingswiese oder ein sommerliches Blumenbeet können wie ein Bild wirken, an dem sich die Natur mit vielen Farben und einem dicken Pinsel ausgetobt hat.

Betrachtest du aber eine Blüte aus der Nähe, kannst du haarfeine Linien beobachten und Regelmäßigkeiten entdecken, so als hätte sie hier mit feinsten Stiften Millimeter für Millimeter berechnet und zierliche Glocken, Sterne oder Kelche entworfen, um sie Jahr für Jahr neu wachsen zu lassen.

Was so vielfältig blüht, ist zuerst als spitze oder eiförmige Knospe verpackt; dann werden die Blätter ausgestreckt – und es blüht!

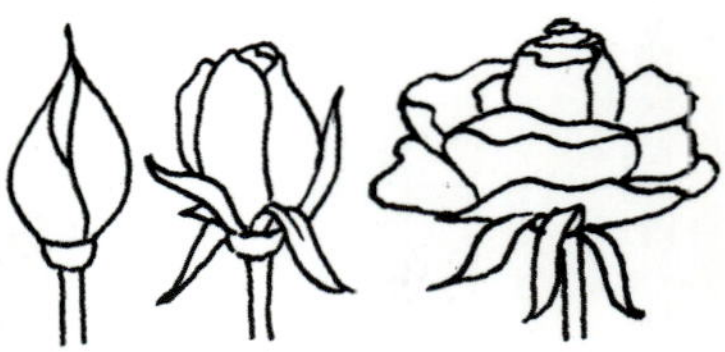

Auch die natürlichen, seidigen Blüten bestehen aus Grundformen. Gerade der Kreis mit seinen Ovalen kann dir beim Zeichnen von Blüten vieles erleichtern. Ob Margerite, Oster-

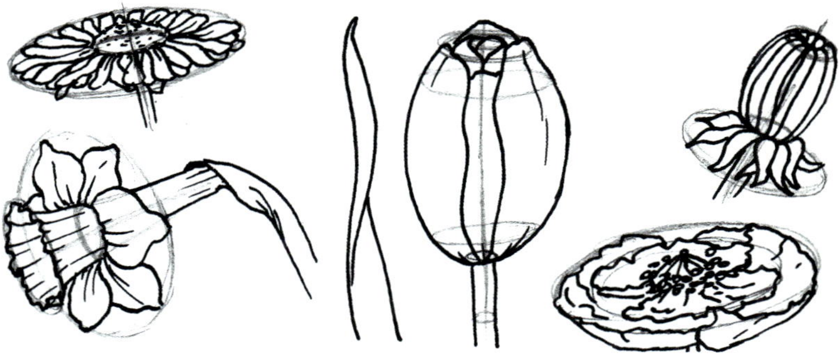

glocke, Tulpe oder Löwenzahnknospe – selbst den verknitterten Mohn kannst du aus Kreisen und Ovalen aufbauen.
Bei einem Blumenbeet, wie es hier mit Feder und Tusche gezeichnet ist, gehst du am besten wieder ein paar Schritte zurück: Erfasse nur seine Struktur, und halte dich, wie beim Laubwerk der Bäume, nicht zu sehr mit Einzelheiten auf.

Vierbeiner

Schon mit einfachsten Formen kannst du Tiere entwerfen. Ein Oval mit Augen, den passenden Ohren, Beinen und einem Schwanz kann nicht nur eine Maus, sondern auch ein Schwein sein. Hast du noch andere Ideen? Ein Rechteck mit einer Eiform als Kopf, mit Augen, Ohren, Beinen und einem Schwanz kann ein Pferd sein, eine Kuh, ein Hund oder ein Hase.
Um sie genauer zu zeichnen, wird es einfacher sein, wenn du dir das Knochengerüst eines Vierbeiners vorstellst. Die

Knochen der Vorderbeine sind leicht, die der Hinterbeine stärker gebeugt. So entsteht der breite Hinterschenkel.

Das hier sehr vereinfacht abgebildete Skelett hat zwar von Tier zu Tier unterschiedliche Bewegungslinien, bleibt aber in seinem Schema immer gleich.

Um die äußere Form eines Tieres richtig wiederzugeben, ist es auch hier sehr hilfreich, seine Grundformen und Hauptlinien

herauszufinden. Ein Kopf von der Seite ist oft eine spitze Eiform, von vorne ein Kreis. Manche Tiere sind kantig, andere rund oder beides zugleich. Wenn du umblätterst, siehst du die Tiere mit Fell und Haut, mit Licht und Schatten.

Insekten

Von den großen Tieren nun zu den ganz kleinen. Dabei lohnt es sich nicht nur, bunte Schmetterlinge aus der Nähe zu betrachten, sondern auch kleine Käfer oder Fliegen.
Manchmal liegt ein totes Insekt auf der Fensterbank oder unter einer Lampe. Wenn du es vorsichtig auf ein weißes Stück Papier legst und vielleicht sogar mit einer Lupe betrachtest, kannst du eine Menge schöner Einzelheiten entdecken, wie etwa das Netz oder die schillernden Farben eines Flügels.
Tip: Versuche einmal, einen Käfer oder ein anderes Insekt vergrößert über ein ganzes Blatt Papier zu zeichnen. Beobachte das Tier genau, laß aber auch deine Phantasie mitspielen. Je länger du es betrachtest, desto mehr wirst du entdecken.

Vögel

Die einfachste Art, einen fliegenden Vogel zu zeichnen, kennst du sicher: die umgekippte 3. Um einen Vogel, der in weiter Ferne fliegt, anzudeuten, mag das ausreichen. Flattert er aber näher heran, nehmen Flügel, Körper, Kopf und Schwanz Form an. Die schwebende 3 ist dann zu grob.

Mit einem Halbkreis oder einem Tropfen als Körper, einem kleineren Tropfen als Flügel, mit Auge und Beinen kannst du bereits die einfache Form eines sitzenden Vogels zeichnen. Man kann aber noch nicht erkennen, um welchen Vogel es sich handelt – es sei denn, verlängerte Beine, Hals und Schnabel bezeichnen einen Storch oder der Fragezeichenhals und eine Wellenlinie einen Schwan.

Mit verschiedenen Ovalformen, mit geraden und geschwungenen Linien ist es gar nicht so schwierig, unterschiedliche Vögel genauer zu zeichnen.
Nicht ganz so leicht ist die Darstellung von schwingenden Flügeln. Denn oft fliegt ein Vogel so durch die Luft, daß sich aus unserer Sicht die Flügel optisch verkürzen. Außerdem wird meist ein Teil des Flügels vom Vogelkörper verdeckt.
Der Schnabel sagt viel über die Art eines Vogels aus. Er kann lang oder kurz, gerade oder gekrümmt sein.

Hast du mal bewußt darauf geachtet, wie vielfältig die Vögel mit den Federn »bekleidet« sind? Aber schon eine einzelne Feder kann ein reizvoller Gegenstand zum Zeichnen sein.

Versuche auch bei einem Vogel wieder seine wichtigsten Merkmale zu erfassen, ohne dich an Einzelheiten festzubeißen.

Fische

Die Form eines Fisches kannst du schon mit einer einzigen Linie andeuten, ohne abzusetzen.

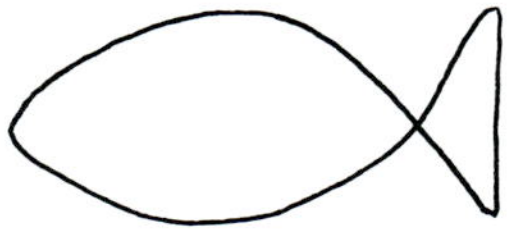

Füge ein Auge, ein paar Schuppen oder Streifen hinzu – und schon entstehen zwei unterschiedliche, kleine Fischzeichnungen.

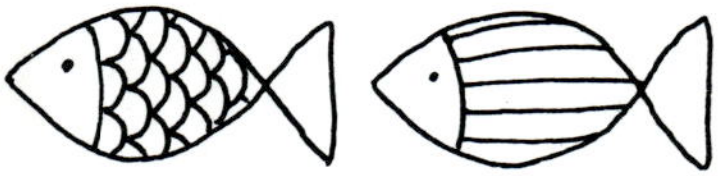

Nun schwimmen sie eng beieinander, mit Pflanzen und Luftblasen in einem Aquarium.

Es gibt natürlich viele Arten von Fischen, die sich in ihren Formen sehr voneinander unterscheiden. Sie können wie eine Schlange geformt oder beinahe kreisrund sein. Flossen und Schwänze sind mal geschwungen, mal gezackt. Der eine Fisch hat ausgeprägte Schuppen, ein anderer Flecken, Punkte oder Streifen. Sehr große Fische, wie etwa ein Hai, sind meist glatt und grau. Was bei Lauftieren die Beine, beim Vogel die Flügel, sind beim Fisch Schwanz und Flossen, mit denen er sich fortbewegt.
Zeichne doch mal einen Fisch halb von vorne und halb von der Seite: So wirkt er gleich viel beweglicher, als wenn du ihn nur von einer Seite darstellst.

Fische sind leider nicht so leicht zu beobachten wie die vierbeinigen Haustiere oder heimische Vogelarten. Du kannst sie nur im Aquarium in Ruhe beobachten. Wenn du dir aber einmal die frischen Fische in einem Fischgeschäft ansiehst, findest du auch dort eine Vielfalt schillernder Formen, die zum Zeichnen anregen können.

DER MENSCH

Mit Haut und Knochen

In dem Kapitel über Tiere haben sich Flugs und Isi etwas ausgeruht, weil sie meinten, dort nicht ganz hinzupassen. Denn schließlich laufen sie auf zwei Beinen und nicht auf vieren, wie das normale Katzen und Mäuse tun. Außerdem nehmen sie im folgenden Kapitel die Körperlänge eines Menschen an, um dich nun wieder beim Zeichnen und Malen zu begleiten.
So wie du es bei den Vierbeinern geübt hast, kannst du auch Menschen leichter zeichnen, wenn du dir zunächst das Skelett vorstellst. Flugs und Isi machen es sich sogar noch einfacher: Flugs läßt sich durchleuchten, und Isi zeichnet die wichtigsten Knochen als einfache Striche und die Gelenke als Punkte nach. So entsteht ein Strichmännchen, mit dem sich alle Bewegungen des Menschen anschaulich darstellen lassen.
Um das zu üben, nimmst du am besten wieder ein großes Blatt Papier und zeichnest es mit solchen Gelenkmännchen voll; alle bewegen sich unterschiedlich.

Das nach einem Skelett gezeichnete Strichmännchen erscheint natürlich sehr dünn und lang. Es sind ja auch nur die Knochen abgebildet. Daß es aber trotzdem nicht ein dünner, langer Mensch sein muß, siehst du an den flächig hinzugezeichneten Umrissen der Körper. Ganz egal also, wie dick oder dünn ein Mensch ist: Das Strichmännchen in ihm bleibt immer gleich, und es bewegt sich immer gleich.
Wichtig: Die Arm- und Beinknochen sind natürlich gerade, sie bewegen sich nur in den Gelenken; die Wirbelsäule dagegen ist nach allen Seiten biegsam. Manchmal ist es nicht leicht, eine bestimmte Körperhaltung aus dem Kopf zu zeichnen. Ein Blick in den Spiegel kann dir aber dabei helfen. Achte besonders auf die Gelenke. Von dort aus beschreiben die Körperglieder einen Bogen wie ein Zirkelschlag, bei einigen aber nur im Viertel- oder Halbkreis. Ellbogen oder Knie zum Beispiel lassen sich nur nach einer Seite beugen. Dagegen sind Schulter- und Hüftgelenke, die Hand- und Fußgelenke viel beweglicher. Deute diesen Bogen einfach als Hilfslinie an. Auch wird das Darstellen von Menschen einfacher, wenn du die Gelenke dünn als Kreise einzeichnest; Arme und Beine lassen sich dadurch leichter formen.
Bei vielen Bewegungen verkürzen sich Körperteile optisch, da sie nach vorne oder hinten in die Raumtiefe ragen. Das ist nicht immer leicht zu zeichnen. Zum Beispiel erscheinen die Oberschenkel eines sitzenden Menschen von vorn sehr viel kürzer als die eines stehenden.

Verwandlungen

Abgesehen davon, ob ein Mensch groß oder klein, dick oder dünn ist: Du erkennst schon an seiner Körperform, an den Proportionen, ob er ein Kind, ein Erwachsener, ein alter Mensch, eine Frau oder ein Mann ist. Das deutlichste Merkmal eines Kindes ist der im Verhältnis zum Körper größere Kopf. Das ist je nach Alter nämlich verschieden; der Kopf wächst im Laufe des Lebens nicht soviel wie der übrige Körper. Mädchen und Jungen haben sehr ähnliche Körperformen, die sich erst allmählich beim Heranwachsen unterscheiden. Der weibliche Körper ist rundlicher gebaut, der männliche eckiger. Ein alter Mensch wirkt oft gebeugt und knochig. Natürlich kannst du auch durch die Auswahl der Kleidung und Frisur sehr gut zum Ausdruck bringen, ob du einen weiblichen, männlichen, jungen oder alten Menschen zeichnest. Halte dir dabei aber trotzdem vor Augen, wie der Körper unter der Kleidung geformt ist. Es ist zwar bequem, die Beine unter einem Rock oder einer Hose verschwinden zu lassen oder die Hände in Taschen zu stecken, die richtige Gesamtform des Körpers und seine Haltung kann dabei aber schnell danebengehen.

Tip: Zeichne ein Strichmännchen, und lege ein Blatt Butterbrotpapier darüber. (Es gibt auch spezielles, durchscheinendes Zeichenpapier, Transparentpapier, zu kaufen; das ist aber sehr teuer.) Jetzt kannst du das Strichmännchen auf die unterschiedlichste Weise »anziehen«.

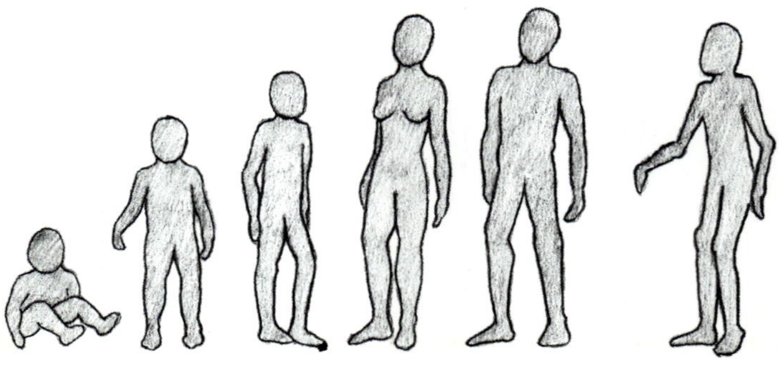

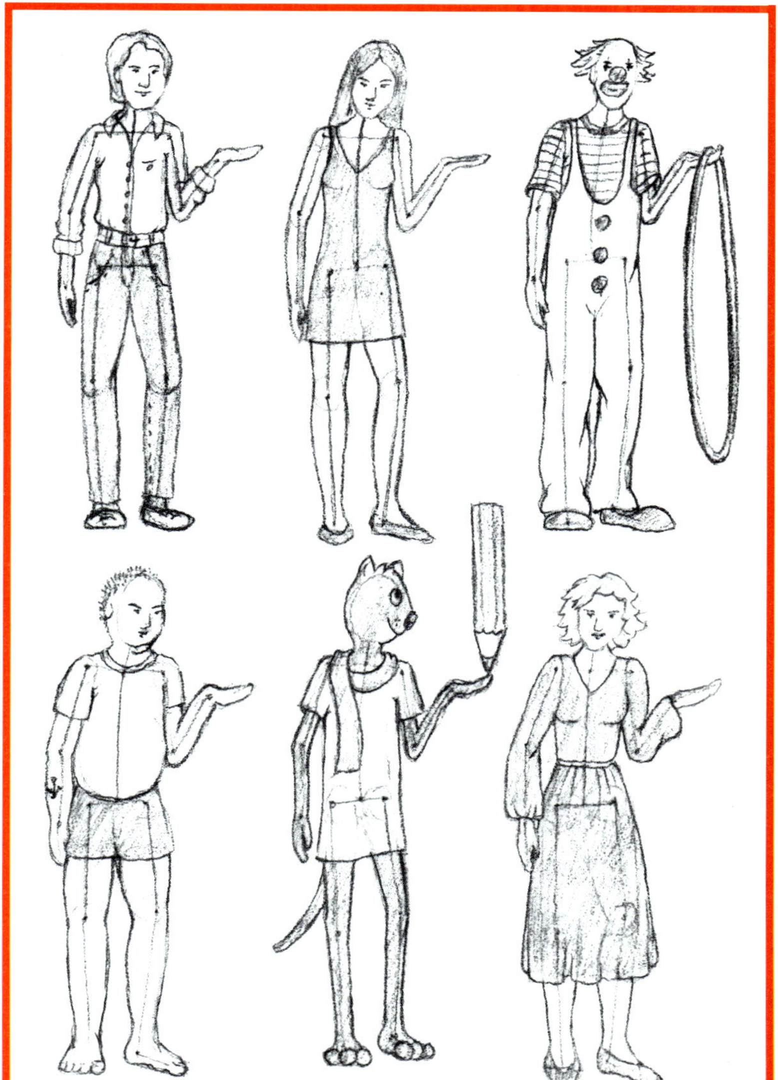

Gesichter

»Punkt, Punkt, Komma, Strich, fertig ist das Mondgesicht.« Das kennst du sicher auch, es ist die einfachste Art, ein Gesicht zu zeichnen. Nimmst du statt des Mondes ein Oval, triffst du die Grundform des menschlichen Gesichtes aber schon besser: Der ganze Kopf ähnelt einer rundlichen Eiform. Und schon dieses einfache Strichgesicht kann eine Stimmung ausdrücken. Am auffälligsten geschieht das durch den Mund: Nach oben gezogene Mundwinkel drücken Fröhlichkeit aus, nach unten gezogene Mißmut; der gerade Mund mag ein Mitteldding zwischen beiden sein. Die Augen oder das »Nasenkomma« kannst du dabei unverändert lassen.

Du kannst ein Gesicht von vorne, von der Seite, also im Profil, oder halb von vorne und halb von der Seite, im Halbprofil, zeichnen. Am leichtesten geht das, wenn du den Kopf als runde Eiform zeichnest und die Stellen, an denen Augen, Nase und Mund liegen, mit je einer Hilfslinie kennzeichnest; laß sie am besten um den Kopf herum laufen. Beachte, daß die Augen fast genau auf der waagerechten Mittellinie des Kopfes liegen. Ebenso kannst du die senkrechte Mitte des Gesichtes mit einer Linie beschreiben, sie läuft von der Stirne bis zum Kinn. Die Ohren sitzen auf der Höhe zwischen Augen und Mund.

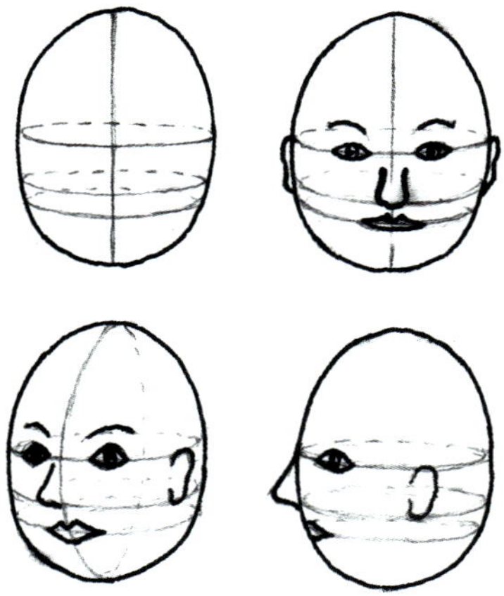

Wenn du Menschen in der Ferne zeichnest, haben sie verhältnismäßig kleine Gesichter. Deshalb reicht es meist schon aus, wenn du Augen, Nase und Mund nur mit wenigen Linien andeutest. Zeichnest du aber ein Gesicht oder einen Kopf aus der Nähe (das heißt dann Porträt), kommt noch eine Reihe von Einzelheiten hinzu, die dem Gesicht Ausdruck geben. Die Form von Augen und Augenbrauen, Nase und Mund kann sehr verschieden sein und sich sehr unterschiedlich bewegen. Denn jeder hat ein anderes Gesicht.

Beginne eine Porträtzeichnung nie mit Einzelheiten, etwa mit einem Auge. Wie im Kleinen zeichnest du am besten auch im Großen zuerst die Grundform des Kopfes. Lege dann die wichtigsten Linien fest, und deute sie leicht an. Zeichne dann die Hauptformen in groben Umrissen: die Stirn, die Wangen, das Kinn, die Brauen, die Augen, Nase und Mund. Wenn alles am richtigen Platz sitzt, kannst du

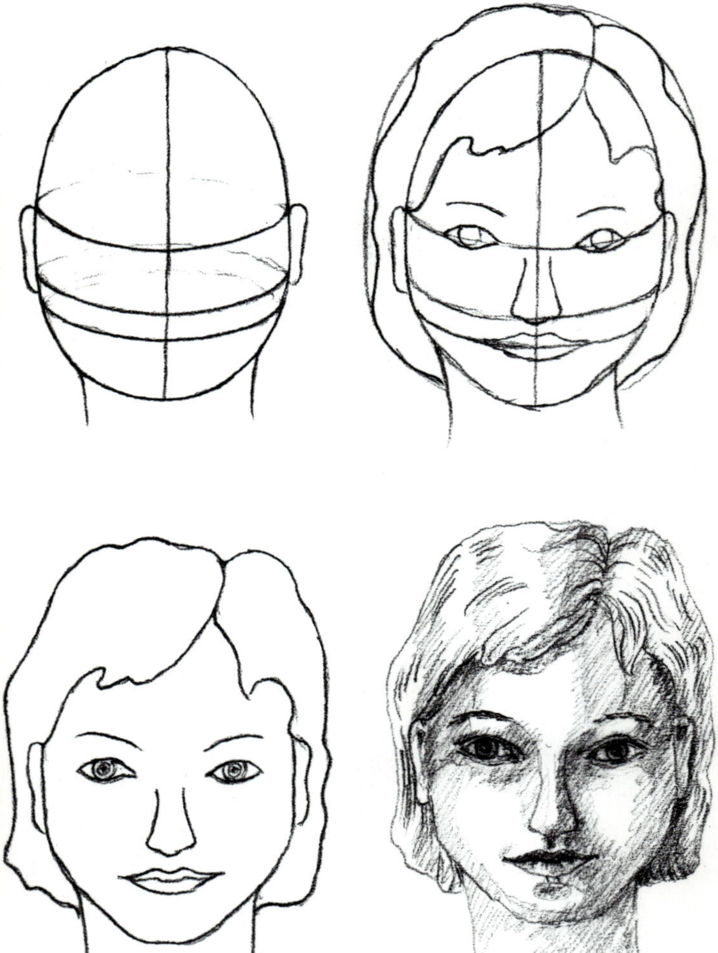

die Einzelheiten genauer ausarbeiten. Forme sie zusätzlich mit Licht und Schatten.
Um Augen, Nase, Mund und Ohren vereinfacht darzustellen, brauchst du natürlich nur wenige kleine Linien oder Striche. Es kann aber auch reizvoll sein, ein einzelnes Auge mit seinen vielen kleinen Einzelheiten zu zeichnen. Ein Glanzlicht auf der Pupille macht es leuchtend. Oder die Nase: Halte dir mal einen Spiegel vor, und betrachte die geschwungenen Linien der Nasenflügel, wie sie das Nasenloch formen und aus ihm heraus zum Mund führen. Der Mund: Mal ist er heiter, mal traurig oder mal geöffnet. Dein Ohr kannst du nicht gut im Spiegel betrachten, doch sicher wird dir jemand Modell stehen.
Versuche auch, Gesichter auswendig zu zeichnen. Dabei wirst du feststellen, welche Partien dir besser und welche dir weniger gut gelingen; übe sie einzeln.

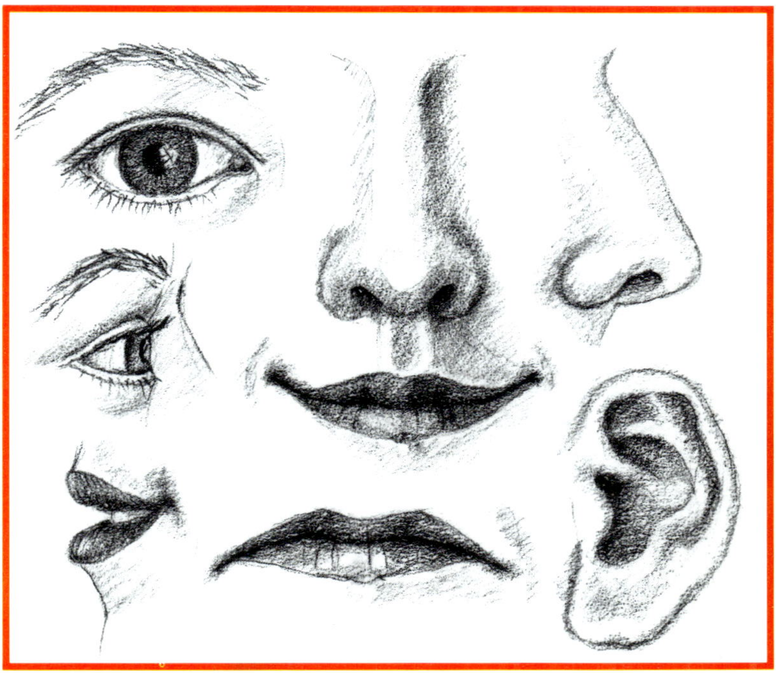

FAHREN, FLIEGEN, SCHIPPERN

Auf Rollen und Rädern

Fährst du jeden Tag mit dem Fahrrad zur Schule? Findest du dein Rad unter hundert anderen sofort heraus? Aber auch wenn du zu Fuß gehst: Du siehst jeden Tag eine Unmenge Fahrzeuge.
Jetzt versuch einmal, indem du dieses Buch zuklappst und auch nicht auf die Straße spähst, ein Fahrrad und ein Auto auswendig zu zeichnen. Beides braucht gar nicht schön zu sein. Aber die Stangen des Fahrrades sollten an den richtigen Stellen angebracht sein, Fenster, Reifen und Kotflügel des Autos müssen an ihrem Platz sitzen.
Wahrscheinlich wirst du feststellen, daß Dinge, die du jeden Tag siehst und vielleicht auch gebrauchst, nicht auch gleichzeitig als genaues Bild in deinem Gedächtnis sind. (Auf diese Weise kannst du natürlich auch vieles andere zeichnen. Es ist immer eine gute Übung.)
Bei Fahrzeugen kannst du wieder sehr gut von Grundformen ausgehen. Rollen und Räder sind kreisrund, schräg von der Seite gesehen werden sie für unser Auge zum Oval. Sie sind immer in der Mitte (an der Nabe) mit dem Fahrzeug verbunden, damit sie sich gleichmäßig drehen können. Solch eine Selbstverständlichkeit vergißt man oft beim Zeichnen. Achte besonders auf die Größenverhältnisse aller Teile zueinander.
Moderne Fahrzeuge sind meist flach und gradlinig. Lichter,

Fenster, Stoßstangen – alles ist in der äußeren Form mit eingeschlossen. Bei alten Fahrzeugen dagegen sind die Lampen aufgesetzt, die Kotflügel geschwungen; es gibt noch ein Trittbrett, und die Reifen haben Speichen. Bei Eisenbahnen ist es ähnlich. Die modernen sind äußerlich glatt und erinnern an eine stählerne Schlange. Bei einer alten Lok dagegen steht vieles nach außen ab.

Auf dem Wasser, in der Luft

Beim Zeichnen eines Flugzeuges ist es ähnlich wie bei einem fliegenden Vogel: Beide siehst du meist aus einer schrägen Ansicht. Also ist auch die Tragfläche zum Teil vom Rumpf des Flugzeuges verdeckt.
Die Form eines Hubschraubers erinnert ein wenig an einen Fisch. Der sich drehende Propeller beschreibt genau einen Kreis (der aus seitlicher Ansicht zum Oval wird).
Je nachdem, von welcher Seite du ein Boot oder ein Schiff be-

trachtest, ist es mehr oder weniger einfach zu zeichnen. Am leichtesten ist es von der Seite. Segelschiffe und auch Surfer liegen oft schräg am Wasser. Der Mast ragt dann nicht senkrecht in die Höhe, sondern geneigt. Ein Schiff auf dem Wasser wirkt immer lebendiger, wenn du das Wasser am Rumpf nicht als gerade Linie zeichnest, sondern dort Wellen andeutest.

EIN BILD ERZÄHLT

Tieftraurig und hochbeglückt

Ein Bild kann die bloße Darstellung eines oder mehrerer Gegenstände sein, es kann aber gleichzeitig auch eine Stimmung ausdrücken, kann fröhlich oder traurig wirken. Dabei strebt das Fröhliche, das Leichte nach oben, das Traurige und Schwere nach unten.

Schon der Verlauf einer Fläche von dunkel nach hell oder von hell nach dunkel drückt jeweils eine andere Stimmung aus. Das Sonnenlicht und meist auch das von elektrischen Lampen kommt von oben, die Schatten fallen nach unten. Ein blauer, wolkenloser Himmel strahlt Heiterkeit aus, während dunkle Wolken bedrückend wirken. Eine Blume, frisch erblüht, wirkt fröhlicher als eine, die welk ihren Blütenkopf und ihre Blätter hängen läßt.

Schon im Kapitel »Gesichter« konntest du an hochgezogenen oder heruntergezogenen Mundwinkeln verschiedene Stimmungen ablesen. Auch die Bewegungen eines Körpers können viel über eine Stimmung verraten. Hängender Kopf, hängende Arme: Flugs und Isi lassen sogar ihre Schwänze hängen und sehen aus, als wollten sie gleich wie ein Häufchen Elend zusammensinken. Der Hintergrund ist düster und drückt von oben auf das Bild. Aber auch die Farbflecken, stumpfe und abgebrochene Stifte geben dieser Szene einen traurigen Ausdruck. Vielleicht ist es ja gerade das, was Flugs und Isi so zerknirscht wirken läßt. Denn wenn du umblätterst, findest du sie in einer ganz anderen Stimmung wieder: Die Stifte sind angespitzt, die Pinsel ausgewaschen, es gibt frische Bögen Papier, und bei dem viel helleren Licht sind die beiden wieder fröhlich. Sie können lachen und springen und sind zu neuen Taten bereit.

Bewegt und ruhig

Vielleicht möchtest du mal einen Sturm darstellen oder einen Sommermittag, an dem sich kein Lüftchen regt. Der Sturm selbst läßt sich natürlich nicht zeichnen, dafür aber das, was er in Bewegung versetzt.
Bewegung und Ruhe lassen sich schon durch wenige Linien zum Ausdruck bringen. Du kannst das auch sehr gut beim Wasser beobachten: Mal schlägt es hohe Wellen, mal plätschert es vor sich hin, oder es ist reglos und spiegelglatt.

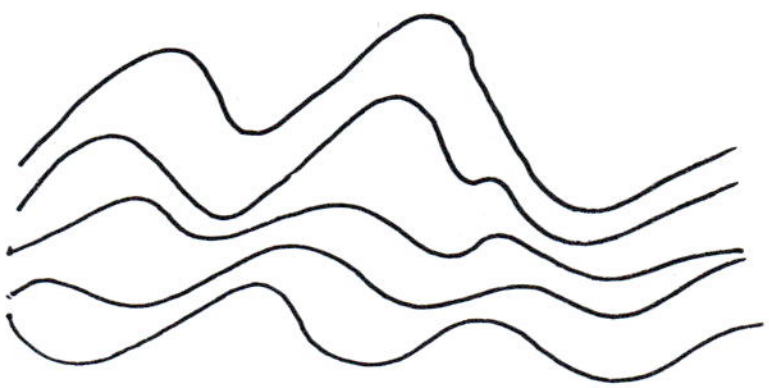

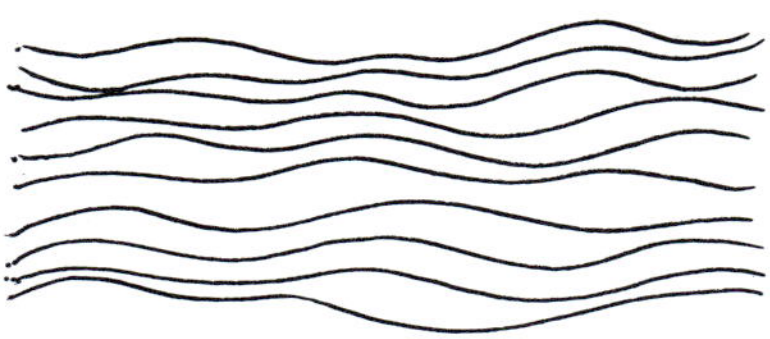

Auch mit Dingen, die sich weder selbst bewegen noch von etwas bewegt werden, kannst du Bewegung und Ruhe darstellen. Die Kästen, die in einer Reihe nebeneinanderstehen, zeigen ein ruhiges Bild; dieselben Kästen versetzt gezeichnet drücken Bewegung aus.

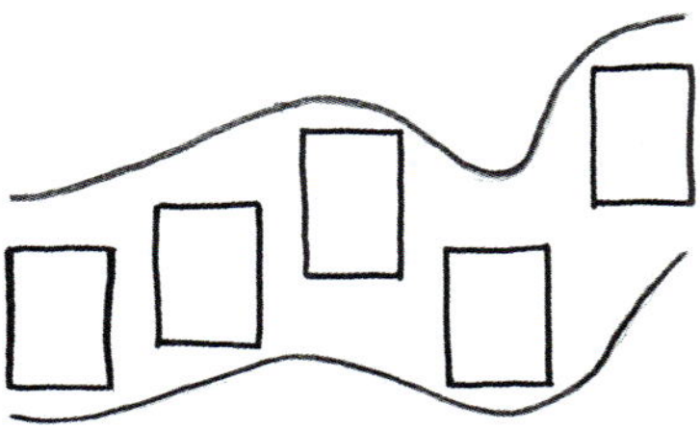

Um dir die Bewegung eines Sturmes und die Ruhe eines Sommermittags zu zeigen, haben sich Flugs und Isi einmal mit Regenschirmen und einmal mit einem Sonnenschirm ausgerüstet und sind an zwei verschiedenen Tagen zu einer großen Wiese spaziert. Blättere einmal um: An dem stürmischen Tag fegt der Wind über die Wiese und biegt die Äste des Baumes. Sogar Flugs' Schirm hat er umgestülpt. Am sonnigen Tag bewegt sich kein Blatt, und Flugs und Isi genießen den Mittag.

Eine Bildfläche richtig »ausfüllen«

Manchmal ist es gar nicht so einfach, den ersten Strich für ein Bild auf ein schönes, weißes Blatt Papier zu setzen. Denn jeder Strich und jede Linie soll ja einen ganz bestimmten Platz bekommen. Es kann aber passieren, daß das Bild später gar nicht ausgewogen aussieht: Vielleicht drängeln sich die Linien viel zu dicht zusammen, oder sie verlieren sich irgendwo. Sitzt du mal unschlüssig vor deinem Zeichenpapier, dann skizziere dein Bild zuerst auf einem Schmierblatt. Zeichne mit flüchtigen Strichen, welche Dinge wo sitzen sollen. Laß dabei aber Einzelheiten weg. Die ersten Striche von Flugs und Isi auf der Titelseite zum Beispiel sahen so aus wie hier unten.

Wichtig ist, daß die Dinge im richtigen Größenverhältnis zueinander stehen. Der Stuhl sollte zum Tisch passen, die Katze auf dem Stuhl zu seiner Sitzfläche.

Ist der Stuhl zu groß, wirkt die Katze wie ein Spielzeug, während der Tisch eher an eine Fußstütze erinnert.

Ist umgekehrt der Tisch zu groß, wirkt nun der viel zu kleine Stuhl wie ein Spielzeug und verliert sich darunter. Die Katze hat es darauf nicht bequem.

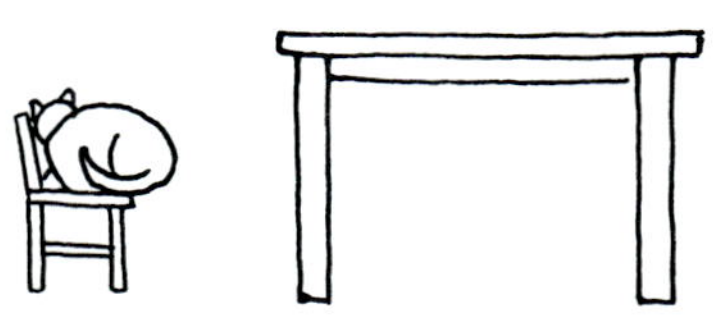

Kleiner gezeichnet werden Tisch oder Stuhl nur, wenn einer von beiden weiter weg steht und sich somit optisch verkleinert. Er sitzt dann aber auch meistens weiter oben im Bild.

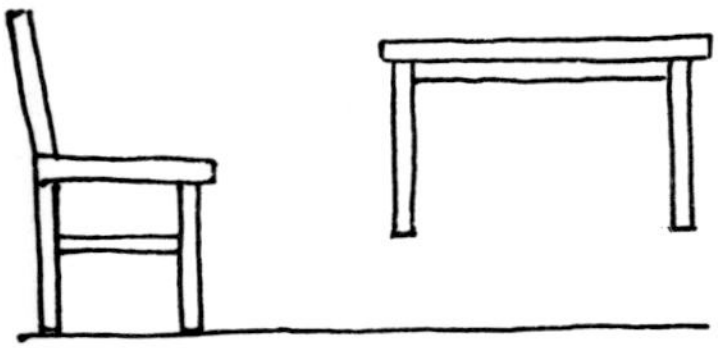

So wie die einzelnen Dinge im richtigen Größenverhältnis zueinander stehen, sollten sie auch im richtigen Verhältnis zur gesamten Bildfläche stehen. Eine Zeichnung zum Beispiel, bei der eine Person an den Rand des Papiers gequetscht ist, erscheint unvollkommen. Denn die leere, weiße Fläche rechts von der Person wirkt im Verhältnis zu dem kleinen Streifen links von ihr viel zu groß.

Bei solch einer Zeichnung würde dich jeder fragen, was noch dazukommt. Das bedeutet aber nicht, daß die Person genau in der Mitte des Papiers stehen soll. Das wäre sogar langweilig. Steht sie aber zwischen Rand und Mitte, wirkt die rechte weiße Fläche nicht mehr gähnend leer und die linke nicht mehr gequetscht. Das Bild wirkt ausgewogener.

Eine Landschaft am untersten Bildrand, eine Reihe Wolken am obersten: Beides zusammen wirkt fipsig und verloren. Ragt dann noch ein übergroßer Baum in die Luft, so hast du ein gutes Beispiel für eine eher schlecht »ausgefüllte« Fläche.
Ganz anders sieht es aus, wenn die Landschaft und ihre Personen größer sind, wenn vom Baum nur ein Ausschnitt gezeichnet ist und wenn die Wolken vom oberen Bildrand nach unten gezogen und aufgepustet sind. Flugs und Isi waren wieder draußen, um dir beides zu zeigen. Hast du nicht auch das Gefühl, als ob du bei dem unteren Bild mit dazugehörst? Bei dem Bild oben ist man weit entfernt und schaut bald unbeteiligt wieder weg.

JETZT WIRD'S BUNT

Grundfarben und Mischfarben

Es gibt drei Grundfarben: Rot, Gelb und Blau. Alle anderen Farben sind eine Mischung daraus. Rot und Gelb wird Orange, Gelb und Blau wird Grün, Blau und Rot wird Violett. Das schönste Beispiel für eine Aneinanderreihung der Grundfarben mit ihren wichtigsten Mischfarben findest du in der Natur, im Regenbogen.
Obwohl du in jedem Farbkasten ein Näpfchen oder eine Tube Weiß und ein Näpfchen Schwarz findest, sind Weiß und Schwarz eigentlich keine Farben, sondern eher ein Mittel, mit dem man Helligkeit oder Dunkelheit ausdrücken kann.
Je mehr Licht auf eine Fläche fällt, desto heller erscheint sie; dabei spielt es keine Rolle, welche Farbe sie hat. Sogar eine schwarze Fläche ist nicht mehr richtig schwarz, wenn Licht darauf fällt. Sie wird zu einem sehr dunklen Grau. Das kannst du beobachten, wenn du einen schwarzen Gegenstand ans Licht hältst und mit deiner Hand einen Schatten darauf fallen läßt. Umgekehrt wird eine weiße Fläche grau, wenn das Licht abgeschirmt wird, so daß ein Schatten entsteht. Absolut schwarz ist es nur in einem Raum, in den nicht der geringste Lichtschimmer eindringt. Und absolut weiß ist nur eine weiße Fläche, die grell in der Sonne leuchtet.

Zwischen Weiß und Schwarz liegen alle Abstufungen von Grau. Auch Grau ist eigentlich keine Farbe. Es bewegt sich im neutralen Bereich zwischen ganz hell und ganz dunkel.

Alle Farben kannst du mit Weiß aufhellen. Sie werden dadurch milchig und wirken etwas kühler (rechts oben). Ebenso kannst du mit Schwarz und Grau abdunkeln (rechts unten). Diese Farben wirken dann etwas wärmer, können aber leicht dumpf und schmuddelig erscheinen. Es ist daher besser, du gehst mit Schwarz sehr vorsichtig um. Am besten vermeidest du es ganz beim Mischen von Farben. Das hängt aber auch davon ab, was du gerade malen willst. Wie du

Farben untereinander mischen und auch ohne Verwendung von Schwarz abdunkeln kannst, das werden dir Flugs und Isi auf den folgenden Seiten verraten.

Du konntest bereits sehen, wie aus der Aneinanderreihung der drei Grundfarben Rot, Gelb, Blau und deren Mischfarben ein Regenbogen entstanden ist. Der Farbkreis links ist eine erweiterte Form des Regenbogens. Du weißt, daß aus Rot und Gelb Orange entsteht, aus Gelb und Blau Grün und aus Blau und Rot Violett. Nun lassen sich aber auch die bereits gemischten Nachbarfarben noch einmal mit den Grundfarben mischen. So wird aus Rot und Orange Rotorange, aus Orange und Gelb Orangegelb, aus Gelb und Grün Gelbgrün und so weiter bis zum Rotviolett.
Flugs und Isi probieren es auf ihre Art, indem sie die Farbtöne des Farbkreises mit flüssigen Farben nachmischen. Bis jetzt ist es ihnen auch gut gelungen. Um noch andere Farbmischungen auszuprobieren, haben

Flugs und Isi einen kleinen Versuch gemacht. Statt Farben, die nebeneinanderliegen, miteinander zu vermischen, haben sie eine Grundfarbe genommen und jeweils mit der Farbe gemischt, die ihr im Farbkreis genau gegenüberliegt. Nacheinander haben sie also Rot mit Grün, dann Gelb mit Violett und Blau mit Orange zusammengeschüttet. Das Ergebnis finden sie allerdings enttäuschend, denn die so entstandenen Farben wirken nicht nur trübe, sie sind sich auch alle sehr ähnlich.
Die sich im Farbkreis gegenüberliegenden Farben heißen Gegenfarben, die eine ist also das Gegenteil von der anderen. So wie Weiß das Gegenteil von Schwarz ist. Sie sind nicht miteinander verwandt.

Gegenfarben, die zu gleichen Teilen miteinander vermischt sind, wirken immer stumpf und dunkel. Liegen sie aber unvermischt nebeneinander, so entsteht ein starker Farbkontrast, also ein Gegeneinander der Farben. Die Farben können sich gegenseitig zum Leuchten bringen. Beim Malen kann es dabei leicht passieren, daß es zu einem »Flimmern« kommt. Du kannst auch sagen: Die Farben »beißen« sich. Durch das kräftige Gegeneinander der Farben entsteht eine Unruhe auf dem Bild, so daß es in den Augen kneift. Möchtest du zum Beispiel einen roten Gegenstand vor einem grünen Hintergrund malen, so beißt sich das. Um die Farben harmonischer zu gestalten, kannst du für den Hintergrund eine Farbe wählen, die dem Rot näher liegt als dessen Gegenfarbe Grün. Bei einem orangefarbenen Hintergrund etwa flimmert es nicht mehr.

Willst du trotzdem den grünen Hintergrund beibehalten, kannst du das Flimmern durch Abdunkeln der Farbübergänge vermeiden. Du brauchst dabei nur einen Hauch Grün ins Rot übergehen zu lassen und umgekehrt. Wenn du ganz vorsichtig mit den Gegenfarben umgehst, kannst du damit auch Schatten malen, ganz ohne Schwarz.

Wenn Farben sprechen könnten . . .

Weißt du, daß Farben sprechen können? Jedenfalls drücken sie oft mehr aus als Worte oder komplizierte Zeichnungen. Wärme oder Kälte zum Beispiel kannst du mit Farben darstellen, ohne einen Gegenstand zu malen. Warm wirken die roten und orangefarbenen Töne, kalt die blauen und grünen.

Warme Farben drängen sich optisch nach vorne, also vom Bild aus zu dir hin. Male auch möglichst alle Farben, die vorne im Bild stehen, kräftiger als die in der Ferne, gerade bei Landschaften: In der Luft schweben immer winzige Wassertröpfchen, die du mit bloßem Auge höchstens bei dichtem Nebel sehen kannst. Sie bilden einen Dunst, der die Farben in der Ferne abschwächt. Wenn du die Farben für den Hintergrund mit Weiß aufhellst (oder so dünn aufträgst, daß das weiße Papier durchschimmert), kannst du die Weite einer Landschaft gut zeigen.

Aber auch durch kühle Farben im Hintergrund (Blautöne zum Beispiel) kannst du einen Gegenstand in der Nähe betonen.

Die Farben eines Herbstwaldes sind kräftig und warm. Eine Winterlandschaft dagegen malt sich mit hellen und kühlen Farben fast von selbst. Beide Stimmungen haben ihren Reiz.

Farben mischen und Hintergründe malen

Es gibt drei Möglichkeiten, Farben zu mischen. Die erste Möglichkeit gilt für Deck- und Aquarellfarben; beide Sorten sind wasserlöslich, unterscheiden sich aber voneinander. Deckfarben sind, wie der Name schon sagt, deckend: Du kannst eine helle Farbe mit einer dunklen übermalen, ohne daß die helle durchschimmert. Umgekehrt ist es nicht so leicht, eine dunkle Farbe läßt sich von einer hellen kaum abdecken. Dagegen sind Aquarellfarben lasierend, das heißt durchscheinend. Da sie nicht decken, schimmert immer das Papier durch die Farbe hindurch. Das macht sie sehr leuchtend. Aber auch Blei- und Buntstiftstriche sind noch zu sehen, falls du dein Bild vorgezeichnet hast. Hier die erste Methode: Zum Mischen nimmst du zwei oder mehrere Deck- oder Aquarellfarben mit dem feuchten Pinsel aus dem Näpfchen oder der Tube und rührst sie auf dem Farbkastendeckel oder in einem kleinen Schälchen zu einem neuen Farbton an. Wichtig ist, daß der Pinsel immer sauber ausgewaschen wird, bevor du Farbe aus

den Näpfchen nimmst. Denn wenn du einmal eine andere Farbe hineinbringst, bekommst du sie nicht mehr sauber.
Die zweite Möglichkeit des Mischens gilt hauptsächlich für Aquarellfarben. Da sie lasierend sind, kannst du verschiedene Farbschichten übereinander malen: Sie mischen sich dann von selbst auf dem Papier.
Ob du mit Deck- oder mit Aquarellfarben malst – probiere deine Farbmischungen immer zuerst auf einem Schmierpapier aus, und lasse sie dort gut antrocknen. Das ist wichtig, denn oft verändern sich die Farben, wenn sie trocken werden. Du kannst so auch testen, ob die neu gemischte Farbe zu derjenigen paßt, die du schon auf deinem Bild hast, oder ob sie sich »beißen«. Mische auch immer genügend Farbe an, lieber etwas zuviel als zuwenig. Es ist nämlich nicht einfach, denselben Ton ein zweites Mal genau zu treffen.
Tip 1: Stell dir zum Malen zwei Wassergläser hin, eines zum Vorspülen des Pinsels, das zweite zum Nachspülen. So hast du immer einen sauberen Pinsel. Auf Küchenpapier streifst du überschüssiges Wasser ab.
Tip 2: Besorge dir in der Apotheke eine Pipette. Das ist ein Glasröhrchen mit einem Gummidrücker. Du kannst damit Wasser aufnehmen und ein bis zwei Tropfen in das Farbnäpfchen geben. So läßt sich die Farbe leicht und vor allem sauber auflösen. (Eine Pipette kostet nur ein paar Pfennige.)

Die dritte Möglichkeit des Mischens ist die sogenannte optische Mischung. Dabei werden die Farben unvermischt nebeneinander aufs Papier gepunktet oder gestrichelt. Sitzen dann zwei verschiedene Farben dicht an dicht zusammen, mischt sich das Auge daraus den neuen Farbton. Bei größeren Punkten oder Strichen mußt du die Augen allerdings leicht zusammenkneifen, um diese Mischung wahrzunehmen, oder du betrachtest das Bild von weitem. Für die optische Farbmischung kannst du einen Pinsel und flüssige Farben verwenden, aber auch Kreide, Bunt- oder Filzstifte. Gestrichelte oder gepunktete Bilder wirken durch ihre Struktur besonders lebendig. Je nachdem wie groß oder klein sie gestrichelt oder gepunktet sind, erfordern sie aber auch viel Ausdauer.

Manchmal brauchst du zuerst eine farbige Fläche als Hintergrund, bevor du mit dem Hauptmotiv beginnst. Denn es ist ja mühsam, zum Beispiel zwischen die Zweige eines Baumes im Nachhinein das Himmelsblau zu pinseln.
Dazu mischst du dir reichlich Farbe an; sie sollte ziemlich dünnflüssig sein. Dann nimmst du einen dicken Pinsel, kippst das Papier etwas schräg zu dir hin und trägst am oberen Rand mit einem breiten Pinselstrich Farbe von der einen zur anderen Seite auf. Sofort tauchst du den Pinsel wieder ein und ziehst, an den ersten Strich anschließend, einen zweiten, dann einen dritten und so fort. *Wichtig:* Der untere Farbrand sollte immer naß sein. Auf diese Weise bekommst du, mit ein wenig Übung, einen gleichmäßigen Hintergrund.
Möchtest du einen Farbverlauf, also eine Fläche, die gleichmäßig von Dunkel nach Hell verläuft, machst du es im Prinzip genauso. Verdünne dabei aber deine Farbe nach und nach mit ein paar Tropfen Wasser, bis schließlich der untere Teil des Papiers fast weiß bleibt. Bevor du den Hintergrund mit deinem Motiv bemalst, muß er gut trocknen, sonst verläuft die Farbe, und du erhältst keine scharfen Ränder.

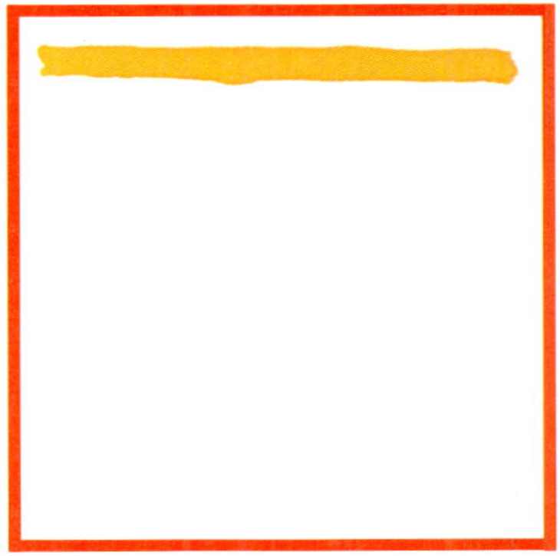

FARBIGE STIFTE UND KREIDEN

Zeichnen und Malen mit Buntstiften

Buntstifte eignen sich sehr gut zum Zeichnen von Einzelheiten, weil sie eine dünne Mine haben. Natürlich kannst du damit auch großflächige und ganz ausgefüllte Bilder zeichnen, was durch die vielen kleinen Striche sehr reizvoll wirken kann.
Am besten zeichnest du dein Bild mit dünnen Linien vor. Nimm dazu schon die Farben, mit denen du später die einzelnen Flächen ausarbeitest. Du kannst auch mit Bleistift vorzeichnen, aber dann nur hauchdünn. Bleistift läßt sich leichter radieren als Buntstift, aber leider schimmert er unter hellen Farben durch.

Achte beim Ausarbeiten des Bildes darauf, daß die Richtung der Buntstiftstriche zur Struktur des Gegenstandes paßt. Stellst du einen glatten Gegenstand dar, sollten die Linien eine einheitliche Richtung haben. Kreuz und quer gezeichnete oder zu lange und dicke Striche bringen Unruhe ins Bild, es sieht dann alles sehr durcheinande aus.

Wenn du dir nicht ganz sicher bist, wie du am besten strichelst, dann probiere einfach verschiedene Möglichkeiten auf einem zweiten Blatt Papier aus. Finde heraus, welche Struktur zu welchem Gegenstand paßt. Hast du eine Reihe Einzelteile geübt, kannst du sie wie ein Mosaik zu einem Bild zusammensetzen. Du kannst dabei die Farben verändern oder ineinander übergehen lassen, du kannst mal kräftiger und mal leichter zeichnen – so wird dein Bild interessanter.

Es gibt übrigens verschiedene Buntstiftsorten, die sich mit Wasser vermalen lassen. Wenn du die Buntstiftstriche mit einem Pinsel anfeuchtest, lösen sie sich teilweise auf, und du bekommst eine helle Farbfläche.

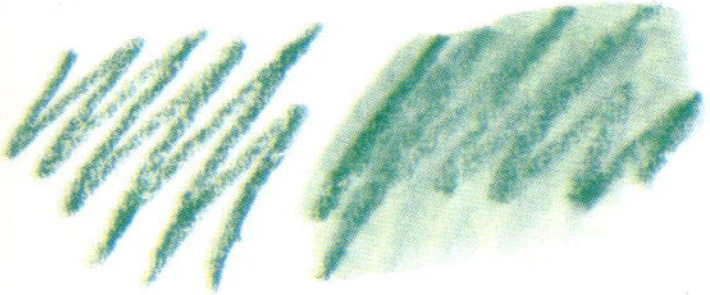

Bei kräftigen Buntstiftzeichnungen kannst du einzelne Stellen (oder auch die ganze Zeichnung) mit dem angefeuchteten Pinsel überarbeiten. So werden die Farben noch leuchtender. Du

darfst nur nicht zu oft mit dem Pinsel über dieselbe Stelle gehen; dadurch löst sich nämlich die Farbe auf, und es entstehen helle Flecken.
Nachdem du dein Bild mit dem Pinsel übermalt hast, kannst du noch einmal mit Buntstiften nacharbeiten. Dazu muß es aber vollkommen getrocknet sein, denn auf feuchtem Grund zeichnen die Stifte nicht.

Zeichnen und Malen mit Kreide

Mit Kreide kannst du so zeichnen, daß es dem Malen nahe kommt. Da Kreidestifte nicht wie Blei- und Buntstifte von Holz umgeben sind, sondern nur von Papier, das sich leicht ablösen läßt, kannst du sie mit der Spitze und mit der Seite benutzen. So kann man bequem größere Flächen einfärben. Zum Zeichnen und Malen mit Kreide eignet sich als Untergrund am besten leicht angerauhtes Papier. Zum Üben kannst du auch die Rückseite von Tapetenresten nehmen, wenn du sie mit Reißzwecken auf ein Brett heftest, damit sie sich nicht rollen. Auch Packpapier eignet sich für diesen Zweck. Da es aber braun ist, wirken die Farben darauf dumpfer als auf weißem Papier. Flugs und Isi haben sich ein großes Sperrholzbrett an der Wand befestigt, auf das sie ihr Zeichenpapier heften können. Isi hält gerade ein halbes Kreidestück quer, um eine größere Fläche zu bemalen. Flugs probiert verschiedene Striche aus.

Ähnlich wie mit Buntstiften kannst du auch mit Kreide stricheln. Nur daß Kreidestriche um einiges dicker sind. Es läßt sich damit also nicht so fein zeichnen. Du kannst übereinander malen, so daß – wie bei den Aquarellfarben – ein neuer Ton entsteht; oder du mischst durch Nebeneinanderstricheln.

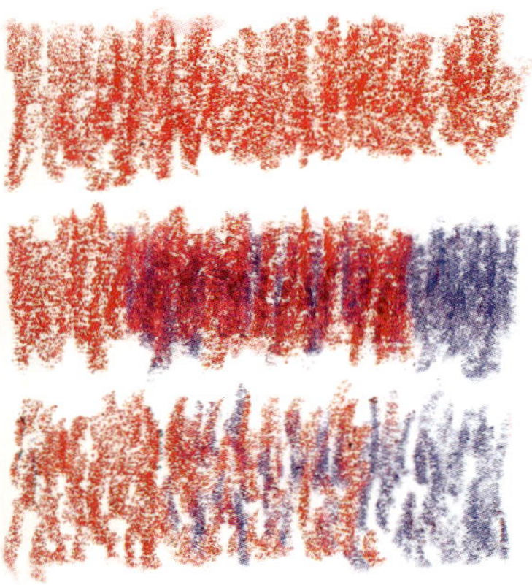

Kreiden können in ihrer Beschaffenheit sehr unterschiedlich sein. Die Wachs- oder Ölkreide ist fest und sieht am besten auf rauhem Papier aus.

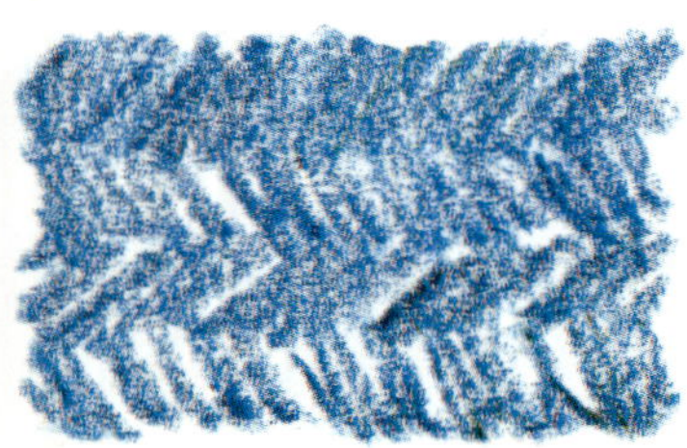

Pastellkreide ist trocken, das heißt, sie fettet nicht. Beim Malen »staubt« sie ein wenig, denn durch die Reibung auf dem Papier fällt immer etwas Farbpulver ab. Du kannst gut mehrere Farben miteinander vermalen; oder du verwischst sie nachträglich mit dem Finger oder einem weißen Läppchen.

Ölpastellkreide ist ein Mittelding zwischen beidem. Sie malt weich, und die Farben wirken kräftig und leuchtend.

Auf den nächsten Seiten kannst du die drei Sorten Kreide näher kennenlernen. Wenn du sie alle einmal ausprobiert hast, findest du sicher deine Lieblingskreide heraus. (Kreidestifte gibt es übrigens auch einzeln zu kaufen.)

Das folgende Bild ist mit Wachskreiden gemalt. Die Umrisse des Harlekins, Gesicht, Hut und Kleider habe ich ganz leicht mit der hellblauen Kreide des Hintergrundes vorgezeichnet. Die Farben sind unvermischt und durchweg senkrecht gestrichelt. Die schwarzen Linien habe ich übrigens ganz zuletzt als Umrandung gezeichnet. Hätte ich es umgekehrt gemacht, also die schwarzen Linien zuerst gezeichnet und dann die Flächen mit farbiger Kreide ausgemalt, würde das dunkle Streifen ergeben. Denn wenn du mit heller Kreide eine dunkle Farbe berührst, wird sie »schmutzig«. Es ist daher auch immer besser, wenn du mit der Kreide vor dem Malen auf einem Schmierpapier ausprobierst, ob keine andere Farbe mehr daran ist.

Die schwarzen Umrisse haben den Vorteil, daß du auch Gegenfarben nebeneinandersetzen kannst, ohne daß sie sich »beißen«. Die orangefarbenen Punkte auf dem blauen Untergrund würden ohne Umriß Unruhe ins Bild bringen. Oder man tönt sie außen bläulich.

Die mit Pastellkreide gezeichneten Buntstifte sind nicht vorgezeichnet. Jeden Stift habe ich mit drei nebeneinanderliegenden Kreidestrichen mit kleinen, weißen Zwischenräumen begonnen. Holz und Buntstiftspitzen sind mit einer spitzen Kreidekante gemalt, dann habe ich die Stifte vorsichtig in Längsrichtung mit dem Finger verwischt. Der Hintergrund besteht aus kurzen, unverwischten Querstrichen. Die Schatten habe ich ganz zuletzt mit einem leichten, violetten Strich gemalt und wiederum leicht verwischt. (Nicht nur mit den Fingern oder einem weißen Läppchen kannst du Farbe verwischen, sondern auch mit Wattestäbchen oder einem trockenen Pinsel.)

Das Farbpulver, das sich beim Malen auf dem Papier abreibt, solltest du nicht abpusten, denn dadurch entstehen unerwünschte Farbspuren auf deinem Bild. Am besten hältst du es, mit dem »Gesicht« nach unten, über eine ausgebreitete Zeitung, so daß das Farbpulver abfallen kann. Damit dein fertiges Bild nicht verschmiert, kannst du es mit einem billigen Haarspray besprühen. Die Farben bleiben dann besser haften.

Die Landschaft in Ölpastellkreide ist mehr gepunktet als gestrichelt. Die Umrisse habe ich mit einer schwachen Pünktchenlinie in der Farbe der jeweiligen Gegenstände vorgezeichnet. Dann habe ich Bäume, Feld, Weg, Wiese und zuletzt den Himmel zunächst als einheitliche Fläche durchgepunktet. Anschließend habe ich alles stellenweise mit einer etwas dunkleren Farbe überarbeitet. Auf dem Grün der Bäume liegt ein wenig Blaugrün, auf dem vorderen Teil des Feldes etwas Hellbraun, auf dem Weg Dunkelbraun und auf der Wiese Gelb. Der Himmel ist im oberen Teil etwas dunkler.
Die Blumen habe ich ganz zum Schluß aufgepunktet.
Da Ölpastellkreide sehr weich ist, können sich die Farben leicht auf einem darüberliegenden Papier abdrücken. Es ist daher besser, wenn du zwischen deine Bilder jeweils ein unbemaltes Blatt legst. Ölpastellkreide läßt sich leider nicht mit Haarspray befestigen.
Um die drei Sorten Kreide alle einmal auszuprobieren, brauchst du nicht gleich von jeder einen ganzen Kasten. Es genügen einzelne Stifte, die du später durch neue ergänzen kannst.

Zeichnen und Malen mit Filzstiften

Mit Filzstiften kannst du sehr vielseitig umgehen. Da es sie von haarfein bis fingerdick gibt, läßt sich damit nicht nur dünn zeichnen, sondern auch flächendeckend malen. Außerdem sind sie in der Regel wasserlöslich, so daß du die Linien mit dem Pinsel lavieren, also verwischen kannst. Sie eignen sich sehr gut zum Stricheln und zum Punktieren. Die Farben sind kräftig und können zum Mischen einfach übereinandergemalt werden. Wichtig ist, daß du die Filzstifte immer sofort nach Gebrauch mit der Kappe verschließt. Sie trocknen sonst nämlich aus. Flugs und Isi probieren gerade auf einem großen Papier verschiedene Filzstifte aus. Sie zeichnen breite und gestrichelte Flächen, Punkte und Linien, und sie haben Farben übereinandergemalt. Später haben sie an einer Tasse geübt – und herausgefunden, daß es viele unterschiedliche Möglichkeiten gibt, ein und denselben Gegenstand darzustellen, und zwar sogar ohne Stifte und Farben zu wechseln.

Das erste Tassenbild ist mit lauter geraden Strichen gemalt: die Tasse mit senkrechten, der Hintergrund mit waagerechten. Für die dunkleren Stellen malten Flugs und Isi übereinander.

Das zweite Bild ist locker gestrichelt, wobei einige Stellen weiß geblieben sind. Auch hier sind die dunkleren Stellen durch Übereinanderstricheln entstanden.

Das dritte Beispiel ist wiederum locker gestrichelt, danach aber mit einem feuchten Pinsel laviert, so daß die weißen Stellen mit einem leichten Farbton überdeckt sind.

Das vierte Tassenbild ist sehr dicht gestrichelt. Zum Schluß wurden alle Umrisse schwarz nachgezeichnet. Du kannst sie, mit einem wasserfesten Filzstift, auch zuerst zeichnen.

Durch Übereinandermalen lassen sich verschiedene helle und dunkle Filzstiftfarben gut mischen. Die grünblaue Tischfläche unter den Zwiebeln zum Beispiel ist zuerst mit Hell- und Dunkelblau gemalt, dann kam das helle Ockergelb darüber, mit dem auch die Zwiebeln entstanden sind. Die Zwiebeln selbst bestehen nur aus Strichen. Sie verlaufen so, wie die Schalen wachsen. Teilweise liegen sie übereinander, damit die Farbe dort kräftiger wird. An den Lichtstellen ist das Papier nur einmal übermalt. Einige Stellen der Zwiebeln sind mit einem

rötlichen Filzstift hervorgehoben, die grünlichen Schatten mit dem hellen Blau des Hintergrundes. Am besten probierst du Farbmischungen vorher auf einem zweiten Blatt Papier aus, damit die Farben später zusammenpassen. Solch ein Schmierpapier empfehle ich dir auch deshalb, damit du dort die Stifte nach dem Übermalen einer an-

deren Farbe abstreifen kannst. Die Uferlandschaft besteht ganz und gar aus Punkten. Die Umrisse zeichnest du bei solch einem Bild am besten mit einer lockeren Pünktchenlinie vor. Und dann geht es auch schon los: Punkt, Punkt, Punkt . . . Zuerst sind hier die Farben des Laubes durchweg lose mit olivgrünen Punkten »grundiert«; danach wurde alles mit anderen Grüntönen, mit Gelb und Rosa belebt. Die blauen Punkte des Himmels sind gleichmäßig verteilt, während die der Wasserspiegelung vorwiegend in Querstreifen verlaufen.

Für Punktbilder brauchst du ziemlich viel Geduld, denn es dauert eine Weile, bis eine Fläche »zu« ist. Filzstifte haben aber wegen ihrer weichen Spitze den Vorteil, daß du nicht fest aufdrücken mußt, wie zum Beispiel bei Kreide.
Für größere Bilder kannst du auch dickere Filzstifte nehmen.
Tip: Während des Punktierens solltest du dein Bild ab und zu mit halb zugekniffenen Augen oder aus einiger Entfernung betrachten. Dadurch kannst du leichter feststellen, wo noch Farben fehlen oder wo die Punkte dichter sitzen sollten.

MALEN MIT PINSELN

Haar- und Borstenpinsel

Pinsel haben Haare oder Borsten. Die runden, meistens nach vorne spitz zulaufenden Haarpinsel sind weich und biegsam. Borstenpinsel sind in der Regel flach und breit und nicht so weich.
Beide Pinselarten gibt es in verschiedenen Stärken, die durch Nummern gekennzeichnet sind. Das geht bei 0 mit dem dünnsten Pinsel los und endet bei Stärke 22, dem dicksten. Dünne Pinsel eignen sich aber nicht so gut zum Malen, da sie nur wenig Farbe aufnehmen. Sie sind eher zum Zeichnen oder für Umrißlinien und kleinere Einzelheiten geeignet.
Bevor du beginnst, ein Bild zu malen, solltest du dir überlegen, welche Pinselart am besten dazu passen könnte. Vielleicht probierst du zunächst aus, was sich womit alles machen läßt.

Zum Üben und um mit den Eigenschaften von Haar- und Borstenpinseln vertraut zu werden, empfehle ich dir, zunächst zwei Übungsbilder mit nur einer einzelnen, dunklen Farbe zu malen. Gleichzeitiges Farbenmischen kann nämlich leicht ablenken. Beginnen wir mit weichen Haarpinseln.
Du nimmst am besten wieder ein großes Blatt Papier und wählst als Motiv einen einfachen Gegenstand, den du ohne Vorzeichnen mit großzügigen Pinselstrichen malst. Du kannst dabei verschiedene Pinselstärken nehmen. Das untere Bild zum Beispiel ist mit einem dicken und einem dünnen Haarpinsel gemalt. Die kräftigen Umrisse von Flasche, Kerze und Glas entstanden mit dem dicken, die feinen Spiegelungen auf Flasche und Glas mit dem dünnen Pinsel. Für die Streifen der Tischdecke brauchte ich beide Sorten. Mit verdünnter Farbe habe ich ganz zuletzt den Hintergrund und die hellen Schattenflächen auf der Decke und an den Gegenständen gemalt.
Versuche jetzt, ein Bild mit Borstenpinsel zu gestalten. Das

Blumenbild unten ist mit einer mittelbreiten Sorte entstanden. Zuerst habe ich die Blüten mit kurzen, geschwungenen Pinselstrichen wachsen lassen. Um solche streifigen Pinselstriche zu erhalten, mußt du den Pinsel fast trocken lassen. Nimm also viel Farbe und wenig Wasser auf, und probiere immer zuerst auf einem Schmierpapier aus, ob der Pinsel nicht doch zu naß ist. Stiele und Blätter habe ich mit der schmalen Pinselseite gemalt, diesmal mit flüssigerer Farbe, damit sich diese Pflanzenteile besser von den Blüten abheben.

Der Hintergrund besteht wieder aus verdünnter Farbe. Stiele und Blätter habe ich einfach übermalt, nur die Blüten habe ich ausgespart. Achte aber darauf, daß die Blumen gut getrocknet sind, sonst verlaufen die Farben wieder, wenn man die Hintergrundfarbe darüberstreicht. Du kannst natürlich auch ganze Bilder entweder nur mit dem trockenen oder nur mit dem nassen Borstenpinsel malen.

Deckende und durchsichtige Farben

Im Kapitel »Farben mischen und Hintergründe malen« konntest du bereits einiges über Deck- und Aquarellfarben erfahren. Für beides reicht zunächst ein einfacher Schulmalkasten mit zwölf Farbnäpfen und einer Tube Deckweiß aus. Es gibt auch spezielle Aquarellfarben, sowohl im Kasten als auch in Tuben. Da sie aber sehr teuer sind, kannst du ruhig erst mit einfachen Farben anfangen.
Um eine möglichst deckende Farbe zu erhalten, gibst du am besten zuerst einen oder zwei Tropfen Wasser mit dem Pinsel oder einer Pipette ins Farbnäpfchen und wartest eine Weile, bis sich die Farbe etwas aufgelöst hat. So kannst du sie leichter mit dem Pinsel herausstreichen und, bei unvermischter Farbe, auch gleich damit malen.
Um mit durchsichtigen, also mit Aquarellfarben zu malen, kannst du im Prinzip genauso vorgehen. Zusätzlich gibst du jedoch einige Tropfen Wasser auf den Farbkastendeckel oder in ein kleines Schälchen und tauchst den Pinsel mit der aufgelösten Farbe darin ein. So bekommst du eine flüssige, lasierende Farbe. Aber Vorsicht, nimm nicht zuviel Wasser, sonst wird daraus eine blasse Farbsuppe, die du auch bei noch so häufigem Nachfärben mit dem Pinsel nur schwer dunkler bekommst. Versuche es zuerst mit weniger Wasser, und verdünne die Farbe lieber nachträglich und ganz vorsichtig.
Die Menge der angemischten Farbe hängt natürlich von der Größe der Fläche ab, die du bemalen willst. Dafür gibt es leider kein Rezept; das kannst du nur durch Üben herausfinden, bis du ein Gefühl für die richtige Farbmenge bekommst.
Tip: Rühre lieber etwas mehr Farbe als zuwenig an, denn auch bei unvermischten Aquarellfarben ist es schwierig, dieselbe Farbstärke ein zweites Mal genau zu treffen.
Flugs und Isi haben eine große Glasscheibe auf der einen Hälfte mit Deckfarbe und auf der anderen mit Aquarellfarbe bemalt. Hinter welcher Sorte steht Flugs und hinter welcher Isi?

Malen mit Deckfarben

Nachdem du dir ein Motiv ausgedacht hast, zeichnest du die Umrisse am besten mit Buntstiften vor. Nimm dazu möglichst solche Farbtöne, die du auch später für das Ausmalen der Flächen verwenden willst. Bleistiftlinien würden bei hellen Farben, wie ich sie bei dem Bild mit dem Löwen und dem Krokus verwendet habe, durchschimmern. Natürlich kannst du auch mit dem Malen beginnen, ohne vorzuzeichnen.

Wenn du die Farben für dein Motiv gemischt hast, probierst du sie am besten zuerst auf einem anderen Blatt Papier nebeneinander aus; dadurch siehst du rechtzeitig, ob sie zueinander passen und nicht »flimmern«.
Damit bei meinem Bild die Farben »verwandter« wurden, habe ich in das Blau und Grün jeweils einen kleinen Tupfer Gelb gemischt, im Gelb ist ein kleiner Tupfer Blau. »Kleiner Tupfer« bedeutet: eine knappe Pinselspitze voll. Die Farbe darf sich dabei nur um einen Hauch verändern. Das Blau des Hintergrundes habe ich zusätzlich mit Deckweiß aufgehellt.
Zunächst malst du mit einem breiten Pinsel die großen Flächen. Die vorgezeichneten Linien der Wiese kannst du ruhig mit dem hellen Blau übermalen, denn sie schimmern durch; außerdem deckt das Grün später die hellblaue Farbe in den Grasspitzen zu, weil es dunkler ist als der Himmel.
Die gelbe Vorzeichnung solltest du nicht mit Blau übermalen; das Gelb des Kopfes ist zu hell und könnte das Blau später nicht abdecken.
Auch das Blau wäre zum Abdecken der gelben Farbe zu hell, falls du mit dem Gesicht des Löwen beginnst. Arbeite also möglichst genau, das zahlt sich später aus.

Hast du die großen Flächen ausgefüllt, brauchst du noch drei Farbmischungen. Das mittlere Braun (entstanden aus Dunkelbraun und Ockergelb) für die Mähne des Löwen, das helle Braun (aus Gelb und Ockergelb) für seine Fellstruktur und einen Schatten am Krokus und ein dunkleres Grün (aus Grün und Gelbgrün) für die feinen Grashalme. Das Braun für Augen, Nase, Mund und Schnurrbartpunkte nimmst du direkt aus dem Farbnäpfchen. Das Weiß von Augen und Nase ist das unbemalte Papier. Du kannst solche Lichtflecken aber auch nachträglich mit Deckweiß einzeichnen.

Hier siehst du Flugs und Isi im Bild. Sie vollenden es gerade mit den letzten Pinselstrichen. Zum Glück haben sie daran gedacht, alle Farbflächen zuvor gut duchtrocknen zu lassen. Sonst würden die Farben ineinanderlaufen, und das läßt sich kaum ausbessern.

Malen mit Aquarellfarben

Du kannst Aquarellfarben im Farbkastendeckel oder in Schälchen mischen, zum Beispiel in leeren Kaffeesahnenäpfchen oder Schraubglasdeckeln. Du kannst aber auch, wie ich früher schon beschrieb, ungemischte Farben übereinandermalen; da sie lasierend, also durchscheinend sind, mischen sie sich ja auf dem Papier. Auch ungemischte Aquarellfarben solltest du vor dem Malen auf einem Schmierpapier ausprobieren, damit sie nicht zu dunkel sind; das kann man später schlecht wieder ausbessern. Eine zu helle Farbe dagegen kannst du nach dem Trocknen noch einmal übermalen. Reibe aber nicht zu stark auf dem Papier herum, denn sonst löst sich die erste Farbe wieder auf, und es gibt Flecken.

Das Aquarellbild mit dem Hafenmotiv habe ich zu Beginn dünn mit Bleistift vorgezeichnet. Damit große Flächen wie der Himmel gleichmäßig werden, hältst du, wie es schon im Kapitel »Farben mischen und Hintergründe« beschrieben ist, dein Blatt am besten schräg, beginnst am oberen Rand mit ziemlich viel Farbe und füllst von oben nach unten mit waagerechten Linien die Fläche gleichmäßig aus. Den Platz für die Wolken sparst du aus. Später werden sie im unteren Teil mit einem ganz leichten Grauton schattiert. Die vorgezeichneten Kräne im Hintergrund habe ich mit Hellblau übermalt.

Die Wasserfläche war zuerst auch einheitlich blau, die Wellen entstanden nach dem Trocknen der Fläche durch waagerechte, etwas dunklere Pinselstriche. Feinheiten habe ich wieder ganz zum Schluß hinzugefügt. Für solche Dinge brauchst du einen

Pinsel mit einer sehr dünnen Spitze. Wenn es dir schwerfällt, damit zu malen, kannst du auch Filzstifte nehmen. Die Flächen müssen wie immer gut durchgetrocknet sein, damit nichts verläuft.
Das Aquarellbild mit den Weintrauben habe ich ohne jede Vorzeichnung gemalt, und zwar auf ein dickeres Aquarellpapier mit einer groben Struktur. Ich habe insgesamt nur vier Farben verwendet: Grün, Violett, Ockergelb und Braun. Zuerst habe ich nach und nach die einzelnen Trauben jeweils mit Grün oder Violett gemalt, die Lichtstellen blieben frei. Damit man Umrisse erkennt, kannst du zwischen den Flächen eine dünne weiße Linie stehenlassen oder die Farben an den Rändern ein ganz klein wenig übereinander auftragen. Unten siehst du das gut. Einige Trauben bestehen aus zwei oder auch drei Farbschichten, so daß durch Hell und Dunkel eine Raumtiefe entsteht: Einige Trauben liegen ja im Schatten. Um ein Flimmern bei nebeneinanderliegenden Kontrastfarben zu vermeiden, kannst du bei Aquarellfarben ein wenig über die Ränder hinausmalen, so daß die Nachbarfarbe durchschimmert. Die Formen sehen dadurch auch weicher aus. Durch die grünen und violetten Schatten aus einem geschwungenen Pinselstrich bekommen die einzelnen Trauben ihre kugelige Form.
Kleine Hintergrundflächen, wie bei diesem Bild, malst du am besten erst dann, wenn du die Form deines Motives festgelegt hast und wenn du dir sicher bist, daß nichts mehr dazukommt. Die dunklen und feinen Teile wie Stiele und Ranken werden wieder ganz zuletzt auf den Hintergrund gemalt.

Kombinationstechnik

Die drei Teddybären sind mit Deckfarben gemalt, sie wandern mit ihren Lampions auf einem Hintergrund in Aquarell.
Dieser Hintergrund ist so entstanden, wie ich es im Kapitel »Farben mischen und Hintergründe« beschrieben habe.
Nimm also einen dicken Pinsel, viel Farbe, und halte das Papier etwas schräg. Beginne oben, und setze eine waagerechte Linie an die andere. Soll die Fläche allmählich heller werden, brauchst du den Pinsel schließlich nicht mehr in Farbe, sondern nur in Wasser zu tauchen; zuerst nur ein wenig, so daß die Farbe im Pinsel etwas verdünnt wird, dann allmählich mehr. So wird die gemalte Fläche nach unten hin immer heller, sie erhält einen Farbverlauf. Nach dem Trocknen drehst du das Papier auf den Kopf und machst dasselbe noch einmal andersherum. Beginne also wieder oben.
Du kannst auf diese Weise natürlich auch verschiedene Farben übereinander auftragen.
Sobald der Untergrund ganz trocken ist, kann man die Teddybären mit Deckfarben daraufmalen! Sind auch sie trocken, werden sie mit feinen Pinselstrichen in dunkelbrauner Farbe überarbeitet. Damit Lichter, wie hier die Lampions, die Sterne und Spiegelungen auf einem dunklen Grund schön leuchtend werden, kannst du diese Formen vorher mit Deckweiß untermalen. Wenn du dann die leuchtenden Farben aufträgst, schimmert auch ein dunkler Hintergrund nicht mehr durch.

SPIELEREIEN MIT FARBE

Pustebilder

Flugs und Isi haben Stifte und Pinsel einmal beiseite gelegt, um die Farben einfach mal nur mit einem Strohhalm zu verpusten. Zum Ausprobieren genügen dafür ein wenig flüssige Farbe, Papier und ein Strohhalm. Dazu setzt du einen Tropfen Farbe aufs Papier, hältst den Strohhalm dicht daran und pustest hinein, so daß die Farbe in kleinen Rinnsalen verläuft. Durch die Richtung, in die du den Strohhalm hältst, kannst du mitbestimmen, wie die Farbe laufen soll. Du kannst auf diese Weise Phantasiegebilde pusten, aber auch gegenständliche Bilder.
Flugs und Isi haben für das Landschaftsbild zuerst einen Hintergrund gemalt. Für den dicken Stamm und die untere Fläche haben sie mit dem Pinsel dunkle Farbe aufgetragen und dann die Äste und Zweige mit

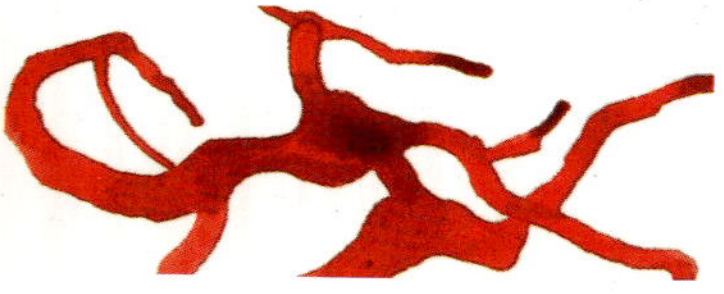

dem Strohhalm wachsen lassen. Das sieht sehr natürlich aus. Wenn es dir Spaß macht, Farbgebilde mit dem Strohhalm zu pusten, kommst du durch viel Ausprobieren auf die besten Einfälle. Nimm auch mal mehrere Farben, oder arbeite mit Pinsel und Stiften Einzelheiten weiter aus.

Linien und Farben

Auch wenn du keinen bestimmten Gegenstand darstellen willst, kann der Umgang mit Farbe sehr reizvoll sein. Um den einzelnen Farben einen Platz zuzuteilen, kannst du zum Beispiel Liniengebilde mit Bleistift zeichnen; die entstandenen Flächen malst du dann aus. Entscheide dich zwischen geraden Linien, die senkrecht, waagerecht oder schräg verlaufen, und gebogenen Linien; oder zeichne eine verschlungene »Endloslinie«. Die verschiedenen Flächen, die dadurch entstehen, kannst du mal Ton in Ton ausmalen, mal mit gegensätzlichen Farben oder auch ganz bunt.
Zum Ausprobieren von Liniengebilden nimmst du am besten zuerst Schmierpapier, auf dem du auch schon einzelne Flächen in Grautönen schraffierst. Dann

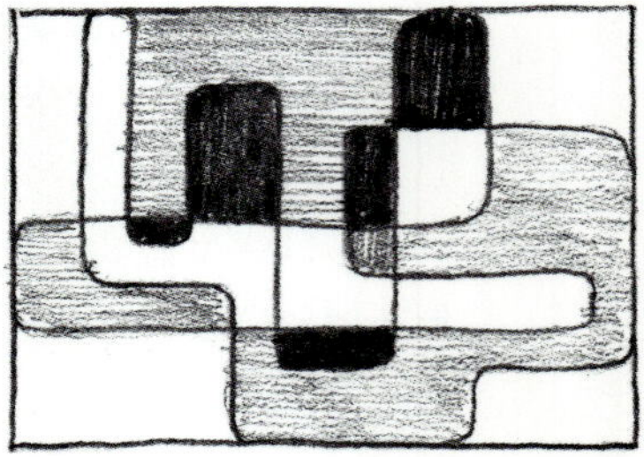

kannst du schon sehen, wie die Fläche später wirkt, welches Muster sich ergibt.
Flugs und Isi haben auch transparente Farben genommen, so daß durch Übereinandermalen Mischungen entstanden sind. Einmal haben sie später schwarze Grenzlinien gezogen.

In ähnlicher Weise kannst du nicht nur Muster, sondern auch Rahmen oder Zierbänder entwerfen. Am einfachsten geht das, wenn du eine Form immer wiederholt aneinanderreihst und dabei die Einzelteile etwas ineinander übergehen läßt.

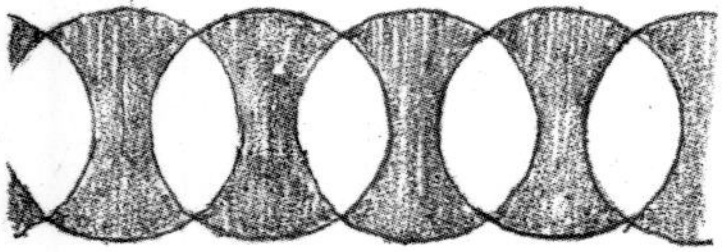

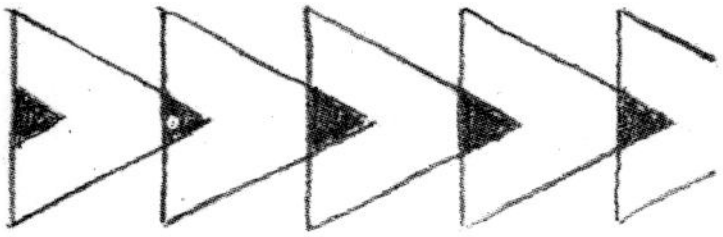

Durch waagerechte, schräge oder senkrechte Linien kannst du einfache Formen weiter unterteilen, damit sie interessanter werden.

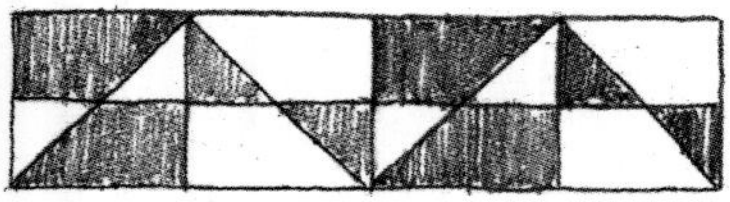

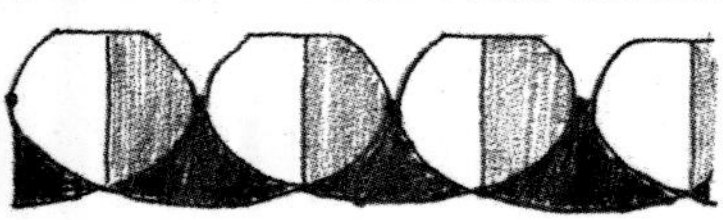

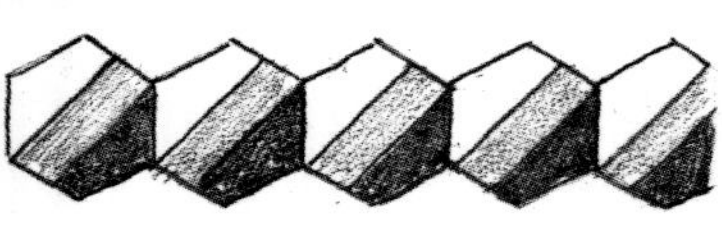

Natürlich kannst du Zierbänder auch untereinandersetzen, so daß eine Fläche daraus wird.

Auch hierbei findest du durch viel Ausprobieren am ehesten heraus, wie vielfältig die Möglichkeiten sind, aus ein paar Linien und Farbe schmuckvolle Zierbänder zu gestalten. Du kannst damit ein gemaltes Bild umranden, oder du läßt die Innenfläche für einen Namenszug frei. Auch Gegenstände kannst du mit geeigneten Farben auf diese Art verzieren. Oder wie wär's mit einem Hintergrund für ein schönes Bildmotiv? Er darf dann aber nicht in zu kräftigen Farben gemalt sein, sonst zerstört er optisch das eigentliche Bild.

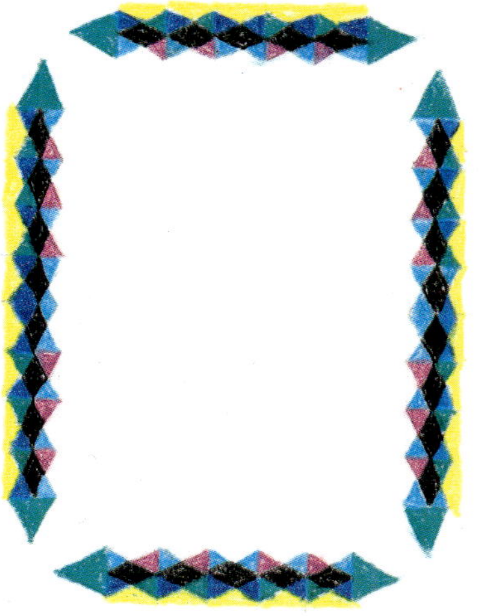

ZEICHNEN UND MALEN NACH GEFÜHL

Der tanzende Stift

Wenn du dich mit diesem letzten Kapitel des Buches beschäftigst, darfst du alles, was du inzwischen über das Zeichnen und Malen gelernt hast, vergessen. (Außer den sauberen Umgang mit deinen Zeichen- und Malgeräten.) Denn bei Bildern, die aus einem Gefühl heraus entstehen, solltest du nicht darauf achten, ob sie »schön« werden, »richtig« oder »falsch« gezeichnet oder gemalt sind. Sie sollten lediglich das ausdrücken, was du gerade empfindest. Dabei spielt es keine Rolle, ob es angenehme oder unangenehme Gefühle sind. Such dir für deine Übungen einen ruhigen Ort.

Verwende zunächst einfaches Papier, möglichst in großem Format. Und denke daran: Wenn dir ein Bild mal danebengeht, brauchst du es ja niemandem zu zeigen.
Wenn du einen Bleistift nimmst, sollte er eine möglichst weiche und dicke Mine haben. Ansonsten eignet sich auch ein Kreidestift hervorragend. Beginne zunächst mit nur einer einzigen Farbe. Bevor du anfängst, solltest du natürlich zuerst in dich »hineinhorchen« und deine Gefühle etwas genauer betrachten. Vielleicht findest du ja eine Linie, die deine Stimmung unsichtbar in dir zeichnet, zum

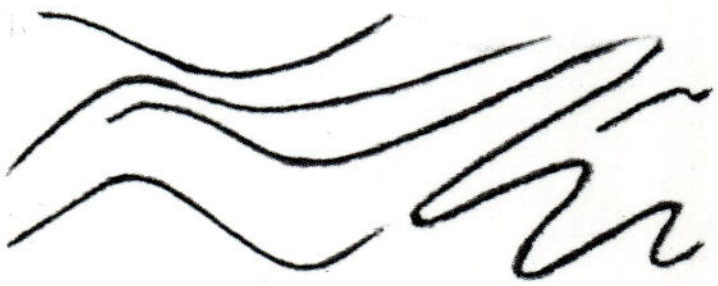

Beispiel eine mehr oder weniger ruhige Wellenlinie, ein aufgeregtes Zickzack, ein wirbelndes Kreisen oder auch alles auf einmal. Bist du dir nicht ganz schlüssig, dann schließe einfach die Augen und überlasse das Zeichnen allein deiner Hand.

Eine andere Möglichkeit, Gefühle durch den Zeichenstift sprechen zu lassen, funktioniert prima mit Musik. Du kannst dabei eine Melodie summen oder auch nur daran denken. Oder du hörst dir eine Lieblingsmusik an, die aber möglichst ohne Text sein sollte, da er leicht ablenken kann. Versuche auch hierbei wieder, eine Linie oder auch Flächen zu finden, die dein »innerer Bleistift« zeichnet. Geht dir der eine oder andere Versuch daneben, dann fang einfach von vorne an. Denn nach Gefühl gestalten ist auch etwas Übungssache.

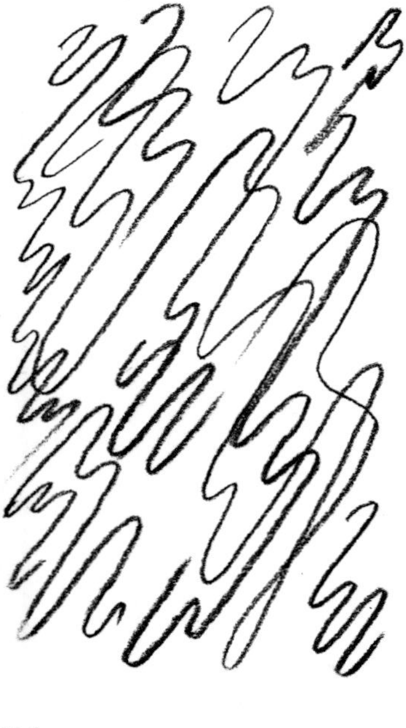

Phantasie und Wirklichkeit

Träume sind manchmal sehr sonderbar, vor allem, wenn sich etwa Dinge aus dem Alltag mit Geschehnissen mischen, die es in Wirklichkeit nicht gibt. Was im Traum von selbst geschieht, kannst du dir aber auch in wachem Zustand mit deiner Phantasie ausmalen – und du kannst es zu Papier bringen.
Vielleicht beschäftigt dich eine Sache innerlich besonders stark, vielleicht ein Wunsch, oder dir fällt irgend etwas ein, das du vor längerer Zeit mal gesehen oder erlebt hast. Dann fang einfach an zu zeichnen, indem du den Gegenstand nur mit lockeren Strichen andeutest, ohne viel Einzelheiten auszuarbeiten. Laß dann deinen Stift tanzen und mit Liniengebilden spielen, die sich in dem Gegenstand und außen herum bewegen. Die Hauptlinien kannst du zunächst leicht andeuten; verstärke und

verdichte sie erst später, wenn sie dir wirklich gefallen. Halte vor allem die Hand locker.
Auch wenn dir ein Gegenstand nicht klar vorschwebt oder wenn du noch gar nicht weißt, was daraus werden soll, kannst du auf diese Weise zeichnen. Das große Bild zum Beispiel ist aus einer Reihe flacher Kreise entstanden, die sich erst während des Zeichnens zu einer Art Mondlandschaft geformt haben.
Natürlich kannst du auch mehrere Gegenstände in einem Bild unterbringen und dann mit Phantasiegebilden umgeben und verbinden. Oder du nimmst eine Schere zur Hand, schneidest hübsche Teile von Zeichnungen aus, die dir vielleicht nicht im Ganzen gelungen sind, klebst diese Teile auf ein Papier und erfindest dazu neue Formen und Gebilde.
Wenn du deiner Phantasie freien Lauf läßt, dich ganz in Ruhe hinsetzt und vielleicht eine schöne Musik dazu hörst, wird dein Bleistift womöglich bald von alleine zeichnen. Wichtig ist, daß du dir Zeit nimmst.

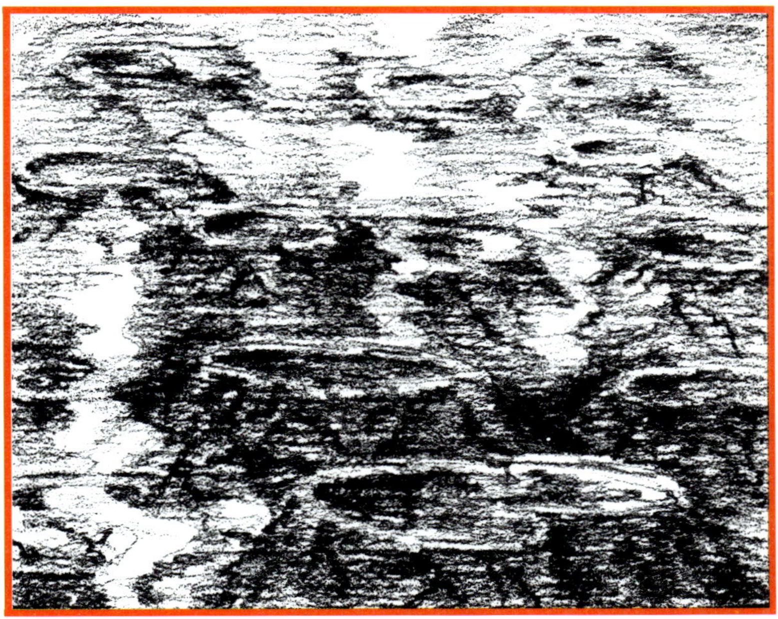

Mit Farben träumen und hören

So wie jeder Gegenstand eine Farbe hat, hat auch jede Stimmung ihre Farbe, das heißt meistens sogar mehrere. Fröhlich wirken auf uns die hellen, traurig die dunklen Farben. Welche aber zu deiner eigenen, momentanen Stimmung passen, kannst du recht schnell herausfinden. Dazu nimmst du dir am besten erst ein einfaches, weißes Blatt Papier zum Ausprobieren. Überleg dir, ob du lieber mit Stiften, Kreiden oder mit Wasserfarben malen willst, und nimm dir die entsprechenden Farben vor. Such dir zwei, allerhöchstens aber drei davon aus, die dir auf Anhieb am besten gefallen – auch wenn es nicht deine Lieblingsfarben sind und auch wenn sie vielleicht gar nicht zusammenpassen. Alle anderen packst du wieder weg.
Jetzt nimmst du die erste Farbe und zeichnest oder malst einfach drauflos, egal wie und was dabei herauskommt. Die zweite Farbe nimmst du erst dann dazu, wenn du das Gefühl hast, von der ersten sollte nichts mehr auf dein Bild, weil es schon zu »einfarbig« wirkt. Mit der zweiten Farbe ergänzt du jetzt in

derselben Weise das Bild. Denk daran, daß du durch Übereinandermalen auch mischen kannst. Vielleicht gefällt dir dein Bild jetzt schon so, wie es ist. Fang dann ein neues Blatt an. Oder du fügst in der dritten Farbe neue Formen hinzu.

Zwischendurch kannst du dein Bild immer mal wieder auf die Seite kippen oder auf den Kopf drehen, um es aus einer anderen Richtung zu betrachten. Oder du gehst ein paar Schritte zurück und schaust es aus einiger Entfernung an.
Gerade bei farbigen Bildern kann Musik sehr anregend wirken. Versuche einmal, passende Farben für eine Melodie zu finden. Das kannst du in derselben Weise probieren, wie oben beschrieben, also auch mit nur zwei oder drei Farben. Das untere Bild habe ich auch nach einem Musikstück gemalt, und zwar mit Ölpastellkreide.
Laß dich aber auf keinen Fall irritieren: Wenn du jemandem sagst, dein Bild sei dieses oder jenes Musikstück, kann es sein, daß der andere es nicht wiedererkennt; oder er sieht etwas ganz anderes darin. Denn jeder Mensch hört Musik in »anderen Farben«.

KLEINES LEXIKON

Aquarellfarbe (lateinisch: Aqua = Wasser), Wasserfarbe, die meist sehr naß vermalt und dünn aufgetragen wird, so daß das Papier oder die darunterliegende Farbe durchschimmert.
Augenhöhe, Höhe der Blickrichtung geradeaus in einen Raum oder eine Landschaft. In einem Bild kann man sie als gedachte waagerechte Linie einzeichnen. Je nach Perspektive kann sie weit oben, in der Mitte oder unten sitzen. Oft stimmt sie mit dem Horizont überein.
Deckfarbe, mit Wasser vermalbare Farbe, die helles Papier und eine hellere, darunterliegende Farbe recht gut überdeckt. Umgekehrt, Hell über Dunkel, ist das nicht ganz so einfach.
Detail (französisch), Einzelheit.
Durchzeichnen, dabei werden Linien, die unsichtbar hinter einem Gegenstand verlaufen, auf dem Papier als Hilfslinien angedeutet.
Farbkontrast, Gegensatz von zwei verschiedenen Farben. Es gibt schwache Kontraste (zum Beispiel bei Hell- und Mittelblau) und starke Kontraste. Der Gegensatz ist am größten, wenn die Farben gar nicht miteinander verwandt sind (zum Beispiel Rot und Grün).
Farbkreis, übersichtliche Darstellung der drei Grundfarben Rot, Gelb und Blau mit den dazwischenliegenden Mischfarben Orange, Grün und Violett. Teilt man ihn nicht in sechs, sondern in zwölf Abschnitte, liegt zwischen Rot und Orange die daraus gemischte Farbe Rotorange, zwischen Orange und Gelb Orangegelb und so weiter. Man kann den Kreis noch feiner unterteilen oder ihn stufenlos in den Regenbogenfarben schillern lassen.

Farbverlauf, allmählicher Übergang von einer Farbe zu einer anderen oder von Hell nach Dunkel.
Flimmern, unangenehmes »Kneifen« oder ein leichter Schmerz in den Augen, wenn sehr gegensätzliche Farben mit gleicher Helligkeit direkt nebeneinander liegen.
Fluchtpunkt, in der Ferne, oft außerhalb eines Bildes gelegener Punkt, in dem alle parallelen Linien eines Gegenstandes zusammenlaufen, wenn sie verlängert gezeichnet sind. Meistens gibt es mehrere Fluchtpunkte in einem Bild.
Gegenfarbe, die sich im Farbkreis gegenüberliegenden Farben. Sie sind gar nicht miteinander verwandt und bilden immer einen starken Kontrast. (Man spricht auch von Komplementärfarben.)
Grundfarben, damit werden die Farben bezeichnet, die man nicht durch Mischen herstellen kann: Rot, Gelb und Blau.
Halbprofil, Ansicht des Kopfes, wenn er halb von vorne und halb von der Seite betrachtet wird.
Horizont, die Linie in der weiten Ferne einer Landschaft, an der Himmel und Erde scheinbar aneinanderstoßen.
Lasieren, transparente Farben übereinandermalen, so daß sich für das Auge eine Farbmischung ergibt. Die untere Farbe muß schon getrocknet sein.
Lavieren, bereits aufgetragene Wasserfarbe mit feuchtem Pinsel auf dem Papier verwaschen.
Mischfarbe, aus mindestens zwei Farben entstehender neuer Farbton.
Motiv, Bildinhalt, Gegenstand eines Bildes.
Optisch, mit dem Auge wahrgenommen. Ein Gegenstand zum Beispiel, der sich in weiter Ferne befindet, wirkt für das Auge kleiner als derselbe Gegenstand aus der Nähe betrachtet. Optisch ist er also kleiner, in Wirklichkeit jedoch nicht.
Optische Farbmischung, zwei oder mehrere Farben, die dicht nebeneinander aufgepunktet oder gestrichelt sind, wirken beim Betrachten wie ein neuer, gemischter Farbton. (Farbige Bilder und Plakate werden meistens so gedruckt.)
Optische Tiefe, gezeichnete oder gemalte Entfernung: Der Malgrund, das Papier ist zwar flach, das Auge aber kann in einem Bild einen Raum, eine Landschaft oder einen plastischen Gegenstand »sehen«.
Oval, eine flachrunde Form. Ein Kreis, aus der Schräge betrachtet, wird optisch zu einem Oval.
Parallel, wenn Linien so verlaufen, daß überall genau der gleiche Abstand zwischen ihnen besteht.

Perspektive, die Ansicht, aus der man sich etwas ansieht. Man bezeichnet damit auch oft die Verfahren, mit denen man auf einem Bild etwas so abbildet, daß es räumlich wirkt: mit Vorder- und Hintergrund, mit erkennbaren Entfernungen – eben so, wie wir etwas in der Realität sehen.
Pipette, Glasröhrchen mit Gummidrücker. Zum Aufnehmen von kleinen Wassermengen ist sie beim Malen gut geeignet. Man muß nicht immer den Pinsel sauber auswaschen, wenn man eine neue Farbe im Farbnäpfchen anlösen möchte.
Plastisch, so erscheint ein Gegenstand, wenn er auf einem Bild mit Licht und Schatten deutlich geformt ist und durch eine günstige Ansicht für unser Auge »greifbar« erscheint. Das Gegenteil: Der Gegenstand ist flach dargestellt und wirkt nicht sehr realistisch.
Porträt, Bildnis eines Gesichtes oder Kopfes, zum Teil auch mit Oberkörper.
Profil, Gesicht oder Kopf, direkt von der Seite gesehen.
Quadrat, rechtwinkeliges Viereck mit vier gleichlangen Seiten.
Raumtiefe, Ausdehnung eines Raumes. Ein Bild hat eine gute Raumtiefe, wenn man deutlich eine Entfernung zwischen Vordergrund und Hintergrund erkennt.
Rechteck, Viereck mit meist zwei langen und zwei kurzen Seiten, mit vier rechten Winkeln an den Ecken.
Schatten, durch schwächeres Licht abgedunkelte Stellen. Man unterscheidet zwei Arten: Der Eigenschatten liegt auf dem beleuchteten Gegenstand selbst (an der vom Licht abgewandten Seite), der Schlagschatten fällt auf eine benachbarte Fläche.
Senkrechte, eine von oben nach unten verlaufende, gerade Linie, die sich zu keiner Seite neigt.
Struktur, genaue Darstellung einer Oberfläche. Meistens fügt man beim Zeichnen viele kleine Elemente aneinander, mit denen man zum Beispiel die Ziegel eines Daches, die Haare eines Fells oder die Wellen auf der Wasseroberfläche abbilden kann.
Ton in Ton, wenn etwas in miteinander verwandten Farben gestaltet ist, zum Beispiel in vielen Blautönen.
Umriß, Linie, die die äußere Form eines Gegenstandes gegen den Hintergrund begrenzt.
Vieleck, eine geometrische Fläche mit gleich- oder verschiedenlangen und geraden Seiten, zum Beispiel Dreieck, Viereck, Fünfeck, Sechseck und so weiter.
Waagerechte, eine von rechts nach links verlaufende gerade Linie, die nirgendwo ansteigt oder abfällt.

STICHWORTVERZEICHNIS

Halbfette Seitenzahlen verweisen auf eine ausführliche Erläuterung des Begriffs.